I0796234

MINECRAFT

1.ª edición: noviembre 2024
7.ª edición: mayo 2025

Editado por HarperCollins Ibérica, S.A., 2022
Avenida de Burgos, 8B – Planta 18
28036 Madrid
harpercollinsiberica.com

Texto: Thomas McBrien, 2021
Ilustraciones adicionales: Kate Bieriezjanczuk

MOJANG
STUDIOS

Publicado originalmente por HarperCollinsPublishers, 1 London Bridge Street,
Londres SE1 9GF (Reino Unido) con el título *New Handbook of Survival*

Toda la información y datos de este libro están basados en la edición Bedrock de Minecraft

Agradecimientos a Sherin Kwan, Alex Wiltshire y Milo Bengtsson

Este libro es creación original de Farshore

ISBN: 978-84-18774-44-7
Depósito legal: M-12339-2022

Maquetación: Gráficas 4
Adaptación de cubierta: equipo HarperCollins Ibérica

Impreso en Italia

SEGURIDAD *ONLINE* PARA LOS MÁS JOVENES

¡Pasar el rato *online* es muy divertido! Os proponemos unas reglas sencillas para tu seguridad.
Es responsabilidad de todos que Internet siga siendo un lugar genial.

– Nunca des tu verdadero nombre ni lo pongas en tu nombre de usuario.
– Nunca facilites información personal.
– Nunca le digas a nadie a qué colegio vas ni cuántos años tienes.
– No des a nadie tu contraseña, excepto a tus padres o tutores.
– Recuerda que debes tener 13 años o más para crear una cuenta en muchas páginas web.
– Lee siempre la política de privacidad y pide permiso a tus padres o tutores antes de registrarte.
– Si ves algo que te preocupa o te molesta, díselo a tus padres o tutores.

Protégete *online*. Todas las páginas web que aparecen en este libro son correctas en el momento de la impresión. Sin embargo, HarperCollins no se hace responsable del contenido de terceros. Recuerda que el contenido *online* puede cambiar y hay páginas web cuyos contenidos no son adecuados para niños. Recomendamos que los niños solo accedan a Internet bajo supervisión.

Producto de papel FSC™ certificado de forma independiente
para garantizar una gestión forestal responsable.

¡TE DAMOS LA BIENVENIDA AL *MANUAL DE SUPERVIVENCIA* DE MINECRAFT!

Hay muchas formas de jugar a Minecraft, y una de las más populares es el Modo Supervivencia, en el que tendrás que forjar tu propio camino en el juego, solo con los bloques que encuentres para fabricar cosas, y te enfrentarás a muchos peligros con la certeza de que, con un solo movimiento en falso, podrías perderlo todo. Es muy emocionante... ¡y muy difícil!

Quizá has elegido este libro porque quieres sobrevivir a tu primera noche, o porque acabas de empezar tu viaje y andas en busca de un poco de apoyo. O tal vez ya seas un héroe curtido y quieres saber lo que te espera al otro lado de las montañas...

Tengas la experiencia que tengas, esta guía te presentará todo lo que necesitas saber para salir airoso del Modo Supervivencia. Aprenderás a entender la pantalla de usuario de Minecraft, a fabricar herramientas esenciales, a defenderte de temibles criaturas y a alimentarte bien, además de conocer a aldeanos amistosos, preparar pociones y encantar tus herramientas.

En último lugar, nos dirigiremos a las extrañas dimensiones amenazantes del Inframundo y el End, donde tendrás que usar todo lo que has aprendido para convertirte en el héroe que estás destinado a ser.

Es un mundo grande y lleno de aventuras.

¡VAMOS ALLÁ!

CÓMO EMPEZAR

EDICIÓN BEDROCK Y EDICIÓN JAVA

Minecraft está disponible en dos ediciones: Bedrock y Java. Ambas ofrecen la misma experiencia Minecraft con diferencias mínimas, pero el modo multijugador está limitado a cada una.

EDICIÓN JAVA

EDICIÓN BEDROCK

¿EN QUÉ DISPOSITIVO JUGAR?

Puedes jugar a Minecraft en muchos dispositivos, desde teléfonos móviles hasta consolas e incluso con gafas de VR. Según el dispositivo que uses, jugarás en la edición Bedrock o en Java. Bedrock es la que permite jugar entre distintas consolas, dispositivos móviles y Windows, mientras que Java es la edición Minecraft original que permite el juego entre Windows, Linux y macOS.

CONSEJO

Si no sabes qué edición elegir, pregunta a tus amigos a cuál juegan. ¡Si usáis la misma, podréis jugar juntos!

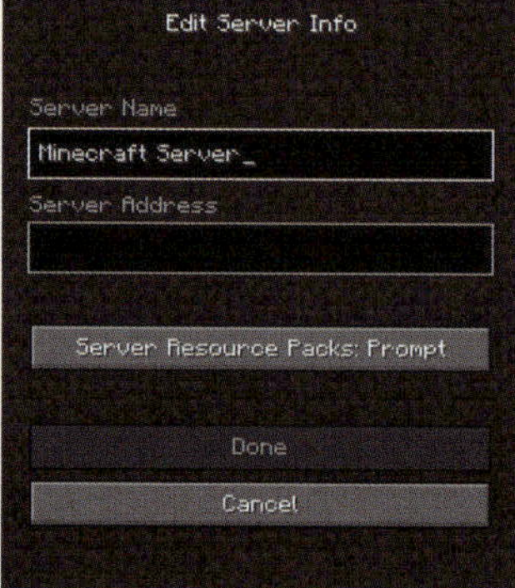

ÚNETE A UN SERVIDOR

¿Quieres jugar con tus amigos en un servidor? Haz clic en *Multijugador* y únete a su servidor. Basta con teclear el nombre y la dirección del servidor, clicar en *Listo* y elegir el servidor del menú multijugador.

Antes de zambullirte en el Mundo Superior, tienes que decidir cómo vas a jugar y en qué dispositivo. Si quieres jugar con amigos, tienes que elegir la edición correcta. Este libro se centra en la Edición Bedrock, que tiene algunas pequeñas diferencias respecto a la Edición Java.

UN JUGADOR VS MULTIJUGADOR

Una vez elegida la edición e instalado el juego, ¡elige tu aventura! En Minecraft puedes escoger entre un jugador o modo multijugador.

El modo multijugador está disponible *online* y en LAN (varios dispositivos en la misma casa). Si quieres jugar con tus amigos, puedes unirte a uno de estos dos modos.

El modo por defecto es el de un jugador. Si es la primera vez que juegas, empieza de esta forma mientras te haces al juego. ¡Puede que hasta descubras que prefieres construir y explorar a solas!

MODO SUPERVIVENCIA

Dar tus primeros pasos en el Mundo Superior, lleno de territorios desconocidos y criaturas al acecho, puede ser un gran reto en Modo Supervivencia. Para salir adelante, tienes que prepararte para peligros desconocidos, pero ¿por dónde empezar? Sin una hoja de ruta, deberás abrirte camino por tu cuenta a través de este mundo salvaje lleno de bloques. Sigue leyendo para descubrir cómo salir adelante en Modo Supervivencia. ¡Vamos!

¿QUÉ ES EL MODO SUPERVIVENCIA?

¿POR QUÉ JUGAR EN MODO SUPERVIVENCIA?

1 EXPLORAR
En el Modo Supervivencia te enfrentas a los elementos. Mientras exploras el territorio y sus secretos, tendrás que vértelas con precipicios, lagos de lava y muchos peligros más.

2 CRIATURAS DE COMBATE
Creepers explosivos y esqueletos armados con arcos van en busca de jugadores desprevenidos. Prepárate para defenderte o huir para sobrevivir un día más.

3 RECURSOS
Deberás encontrar y extraer todos los recursos que necesitas. Unos serán fáciles de localizar y otros conllevarán osadas aventuras.

4 SOBREVIVIR
Las criaturas hostiles se regeneran cada noche. Para resistir, fabrica herramientas y construye estructuras.

En Modo Supervivencia, los jugadores deben explorar, construir y luchar. Sin nada más que el ingenio para protegerte, deberás actuar con rapidez de reflejos y juntar los recursos para sobrevivir a la primera noche... y a las que vendrán. ¡Ándate con cuidado! Hay muchos peligros al acecho.

RIESGO Y RECOMPENSA

En el Modo Supervivencia, al contrario del Creativo, si te quedas sin puntos de salud, morirás. Al renacer, habrás perdido todos tus objetos y puntos de experiencia. Pero el peligro hace que el juego sea aún más divertido.

CICLO DIARIO

En Minecraft, el tiempo pasa exactamente 72 veces más rápido que en el mundo real; un día dura 20 minutos. A lo largo de un ciclo, verás salir y ponerse el sol. No pierdas de vista el reloj; con el crepúsculo, un montón de criaturas empiezan a aparecer por los rincones y, a oscuras, son mucho más difíciles de detectar... Es la hora más peligrosa del juego. Además, en la oscuridad las cosas no crecen, ¡más te vale irte a dormir a un lugar seguro!

RELOJ NOCTURNO

RELOJ DIURNO

CONSEJO

Al anochecer, puedes echarte a dormir en una cama.

CUSTOMIZA TU MUNDO

MODO DE JUEGO

El Modo Creativo te da acceso ilimitado a bloques y objetos mientras que en Supervivencia deberás encontrar los recursos para construir, fabricar y sobrevivir. En la Edición Java, podrás jugar al Modo Hardcore, con un nivel de dificultad difícil en el que no te regeneras si mueres.

DIFICULTAD

Aparte de normal, hay tres niveles de dificultad: Pacífico, Fácil y Difícil. En Pacífico, recuperarás salud con rapidez y la mayoría de criaturas hostiles no se generan –y las que lo hacen, no son dañinas–. En Fácil, las criaturas hacen menos daño y se regeneran con menos equipo. En Difícil, son más dañinas y muchas se generan con poderes peligrosos.

MODO SIN RESTRICCIÓN

Activa esta opción para jugar sin restricciones. Tu experiencia será más fácil, pero no podrás ganar. Para el Modo Supervivencia, lo mejor es no activar esta opción.

PAQUETES DE DATOS

Te permiten personalizar la experiencia cambiando texturas, creando nuevos logros y añadiendo y retirando contenidos. Los encontrarás en el *Minecraft Marketplace.*

REGLAS DEL JUEGO

Aquí podrás activar una serie de opciones antes de generar tu mundo. Hay muchas posibilidades, como aumentar la velocidad de ticks o conservar el inventario después de morir.

Al construir un nuevo mundo, tienes varias opciones para personalizarlo que definirán cómo se juega, qué aspecto tiene el paisaje y cómo se generan estructuras. Adáptalas a tus necesidades en función de cómo quieras jugar.

SEMILLA

Cada mundo tiene una semilla única, un código identificador de 19 cifras que se usa para generarlo. Puedes generarla al azar o introducir una existente que generará un mundo con idénticas características para todos los que la usen. Así puedes regresar a tus mundos favoritos o comparar tus aventuras con las de tus amigos.

ESTRUCTURAS GENERADAS

Minecraft está lleno de estructuras generadas (las verás en las págs. 44 y 88). Si quieres jugar en un mundo totalmente virgen, puedes desactivar la opción de Estructuras Generadas. Sin embargo, sin ellas, tu progreso en el juego será limitado.

COFRE DE BONIFICACIÓN

Si activas esta opción al generar un nuevo mundo, aparecerá un cofre junto a tu punto de regeneración en el que encontrarás una serie de objetos básicos para jugar.

TIPO DE MUNDO

Activa esta opción para determinar cómo se generan los mundos. Por defecto, generará un paisaje frondoso, mientras que el Extraplano generará una pradera llana encima de piedra base. En Java, pueden crearse Mundos Amplificados con montañas más altas y un terreno traicionero.

ESTADÍSTICAS DE JUGADOR

1 BARRA DE SALUD

Los corazones representan tu barra de Salud. Cada uno vale dos puntos de salud, y puedes tener un máximo de 20. Pierdes corazones cuando te hacen daño, pero se regeneran si tu barra de Hambre está llena.

2 BARRA DE HAMBRE

Está formada por diez muslos de pollo, cada uno de los cuales vale dos puntos de hambre, que pierdes al correr, saltar y minar. Cuando está llena, la barra de Hambre regenera puntos de salud.

3 BARRA DE EXPERIENCIA

La barra verde son esferas de experiencia que obtienes al minar, criar, comerciar y derrotar a criaturas. Reunir puntos de experiencia te permitirá subir de nivel para encantar y reparar herramientas.

4 BARRA ACTIVA

Es un miniinventario para los objetos, armas y herramientas que uses con más frecuencia. Puedes intercambiarlos sin abrir el inventario, va muy bien para tener a mano tu espada.

CONSEJO

Puedes personalizar los bloques, herramientas y objetos que aparecen en tu barra Activa, en la fila inferior de la pantalla de inventario, para mover tus objetos desde sus casillas hasta la barra. Coloca los objetos más útiles juntos para que te sea más fácil pasar de uno a otro.

Es hora de adentrarse en el Mundo Superior. Dale al *play* y crea tu primer mundo. Aparecerás en un bioma parecido a este. La información en pantalla te muestra todo lo que necesitas saber para sobrevivir. ¡Veamos qué significa!

5 INVENTARIO

Consiste en 27 casillas, una casilla extra para otra mano y un recuadro de 2x2 para fabricar. Hay bloques y objetos que pueden apilarse hasta un máximo de 64 unidades, mientras que otros, como las herramientas, van solos.

6 DOBLE MANO

A través del inventario, puedes equipar un objeto secundario en la casilla de doble mano para, por ejemplo, llevar dos armas, aunque hay jugadores que tienen en esa casilla antorchas o escudos para defenderse.

7 CASILLAS DE ARMADURA

Puedes llenarlas con un casco, una coraza, mallas y botas para aumentar tu defensa. Cada pieza de armadura aumenta tu protección total contra ataques.

8 LIBRO DE RECETAS

Catálogo de recetas de Minecraft que te mostrará todo lo que puedes crear con los materiales disponibles en tu inventario. Para algunas recetas necesitarás una mesa de trabajo.

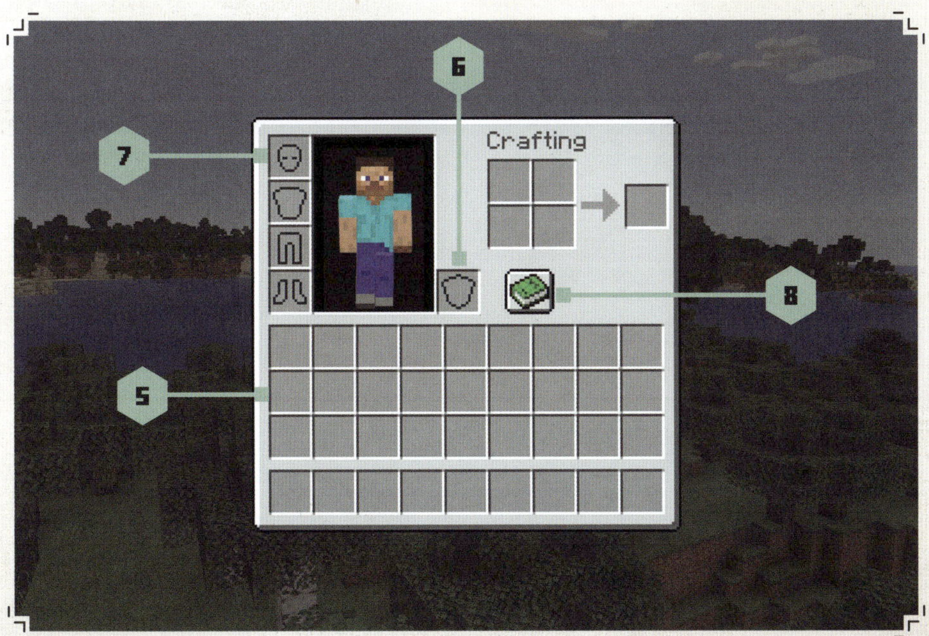

RECURSOS

BLOQUES

Son unidades básicas de estructura que pueden colocarse directamente en el juego o usarse para fabricar. Puedes recogerlos si golpeas, excavas o minas con las manos o con herramientas. La recolección, fabricación y uso de bloques es esencial para sobrevivir.

Inventario

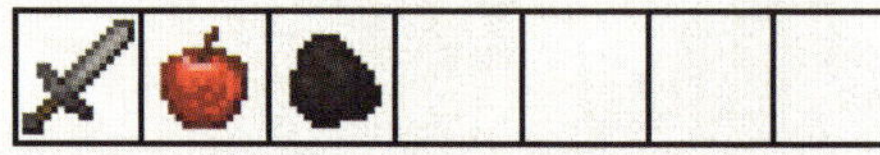

OBJETOS

Los objetos son todo aquello que puedes añadir al inventario, como alimentos o materiales de fabricación. Los objetos no se pueden colocar directamente en el juego, solo puedes usarlos o emplearlos en recetas.

HERRAMIENTAS

En Minecraft, cada tarea tiene su herramienta. Hay muchos bloques que se pueden recoger con las manos, pero las herramientas, como los picos y las palas, acelerarán el proceso. Con un mechero, algunos bloques se incendian y con la brújula te orientarás mejor (pág. 18).

Mira a tu alrededor, ¡Minecraft está hecho de bloques! Son tus recursos para construir, luchar y sobrevivir. Algunos bloques y criaturas sueltan objetos, que se pueden combinar con bloques para hacer herramientas. ¡Cuanto más juegues, más cosas descubrirás!

USAR RECURSOS

Al empezar, encontrarás árboles que puedes cortar para obtener madera, cuevas de las que extraer carbón y minerales y semillas que puedes plantar. Para aprovechar al máximo los recursos, tendrás que fabricar un par de cosas con ayuda del libro de recetas.

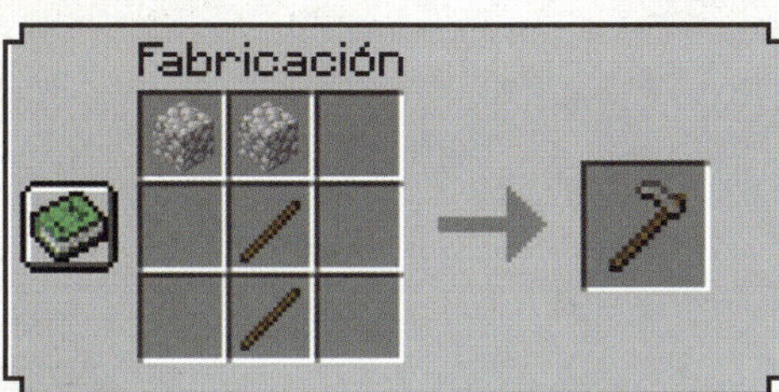

FABRICACIÓN

En tu inventario, puedes fabricar con cuatro ingredientes, pero, para expandir tu recetario, puedes construir una mesa de trabajo, que permite hasta nueve ingredientes. El libro de recetas te indicará lo que puedes hacer con los ingredientes disponibles.

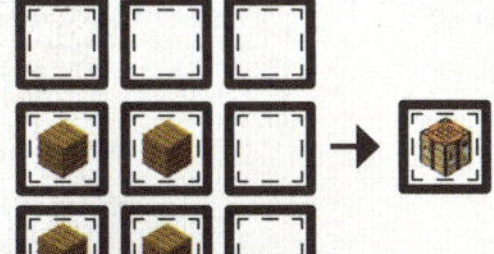

Receta de mesa de trabajo

CONSEJO

La hulla o la madera pueden usarse de combustible. También sirven bloques de madera como escaleras y losas.

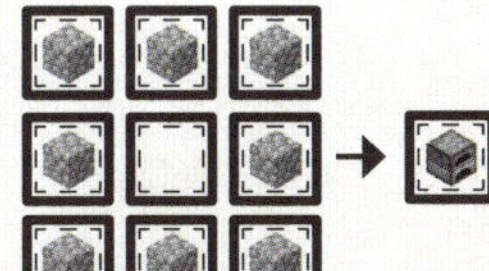

Receta de horno

HORNO

En un horno puedes cocinar y fundir bloques para forjar un montón de objetos útiles, como lingotes de hierro, cristal y ladrillos del Inframundo. Pero ¡asegúrate de que siempre tiene combustible!

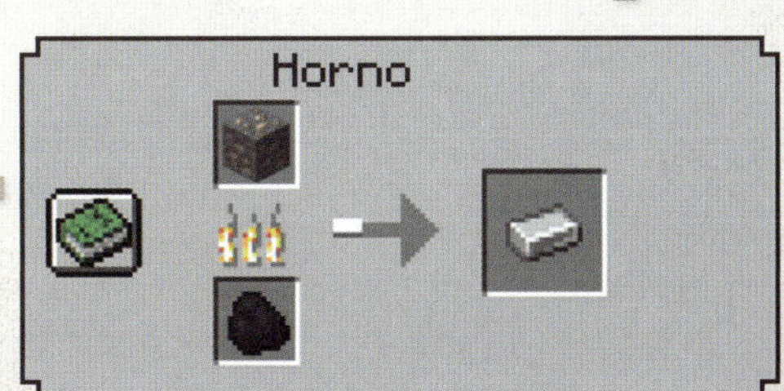

LA MEJOR HERRAMIENTA

FUERZA DE ATAQUE Y DURABILIDAD

Puedes hacer herramientas de madera, piedra, hierro, oro, diamante e inframundita. Cuanto mejor sea el material de que están hechas tus herramientas, más rápido recogerás materias primas y más durarán antes de romperse.

PICO

TIPO						
FUERZA DE ATAQUE	1	3	4	2	5	6
DURABILIDAD	60	132	251	33	1562	2032

El pico será de las primeras herramientas que fabriques y la que más uses. Es necesario para extraer minerales, piedras y metales. Para conseguir ciertos tipos de bloques hacen falta picos determinados: si usas un pico demasiado débil para el material que quieres obtener, se va a romper y te irás con las manos vacías.

HACHA

TIPO						
FUERZA DE ATAQUE	3	4	5	3	6	7
DURABILIDAD	60	132	251	33	1562	2032

Para talar árboles y recoger bloques de madera con rapidez, el hacha es tu amiga. ¡Y también es un arma mortífera! Algo menos resistente que la espada, pero una fiel compañera para enfrentarse a criaturas hostiles.

ESPADA

TIPO						
FUERZA DE ATAQUE	4	5	6	4	7	8
DURABILIDAD	60	132	251	33	1562	2032

La espada es el arma cuerpo a cuerpo por excelencia. Una buena espada siempre te ayudará a luchar contra criaturas peligrosas, y también sirve para recoger algunos recursos como bambú y telarañas.

Tanto si cultivas alimentos, talas árboles o excavas en busca de diamantes, recoger recursos es una parte importante del juego. Con la herramienta adecuada trabajarás más rápido, mientras que si usas una inapropiada, puedes romper el bloque.

AZADA

TIPO						
FUERZA DE ATAQUE	2	3	4	2	5	6
DURABILIDAD	60	132	251	33	1562	2032

Para jugadores con mano para las plantas, es perfecta para arar bloques de tierra o hierba y crear tierra de cultivo. También puede usarse como guadaña para cosechar bloques planta.

PALA

TIPO						
FUERZA DE ATAQUE	1	2	3	1	4	5
DURABILIDAD	60	132	251	33	1562	2032

La forma más rápida de despejar tierra, arena y otros bloques blandos. También puede convertir los bloques de tierra en caminos y apagar fogatas.

TIJERAS

Podrás esquilar a tus ovejas y obtener lana en un momento. Las tijeras también pueden usarse para muchas otras cosas, como recolectar semillas y recortar telarañas.

MECHERO

Se utiliza para encender fuegos y puedes usarlo para, además de prender fogatas y velas, activar portales del Inframundo. También sirve para activar bloques de dinamita..., pero cuidado, ¡no vayas a saltar tú por los aires!

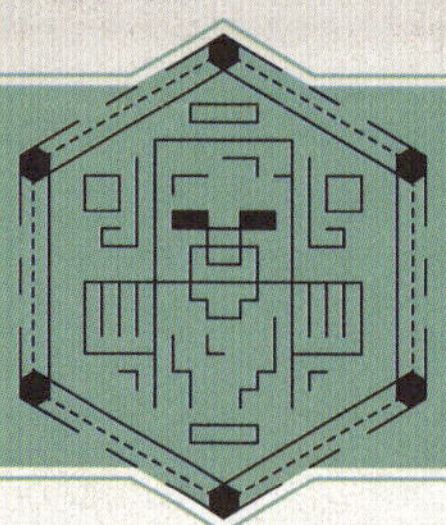

¡A CAVAR!

CONSEJOS MINEROS

Aquí tienes unos consejitos para hacerte con los recursos más preciados.

LUZ

Bajo tierra está muy oscuro, no olvides las antorchas para encontrar el camino. Si no ves qué tienes a tu alrededor, ¡no podrás extraer recursos! La luz también impide que las criaturas hostiles se regeneren.

ESCUCHA

Pon la oreja y escucha con atención: ¿oyes agua que gotea, o los gruñidos de un zombi? Haz caso de los ruidos para encontrar cavernas y cuevas que explorar... ¡o criaturas que esquivar!

UBICACIÓN

Si buscas bloques concretos, que sea en el lugar adecuado. Muchos bloques se encuentran en todo el juego, pero hay algunos que solo aparecen en determinados biomas. Si quieres oro, por ejemplo, búscalo en los páramos. En las págs. 38-45 aprenderás más sobre los distintos biomas.

CONSEJO

Activa los subtítulos para averiguar de dónde vienen los ruidos.

La minería es una parte esencial del Modo Supervivencia. Hagas lo que hagas, vayas donde vayas, vas a tener que minar para avanzar en el juego. Descubrirás que es muy divertido y que hay muchas formas de hacerlo, ¡y muchos trucos para encontrar tesoros!

CÓMO MINAR

Lo primero, prepararse. Antes de iniciar una expedición minera, necesitarás recursos: un pico, una pala, antorchas y algo de comida. Diseña una estrategia eficiente para minar el máximo de bloques con la mínima excavación.

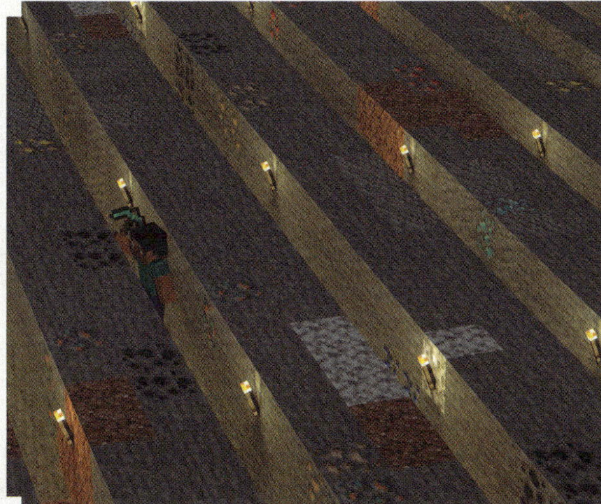

RAMIFICACIONES

La forma más sencilla y popular de excavar: agarra tus herramientas y empieza a hacer un agujero en el suelo. Con una serie de galerías que salgan de un pasadizo principal, cubrirás mucho terreno.

PROS

- Se puede hacer en cualquier lado.
- Muchos recursos.

CONTRAS

- Cuesta encontrar recursos específicos.
- Mucho trabajo; las herramientas se estropean.

ESPELEOLOGÍA

Hay jugadores a quienes les gusta explorar en busca de cuevas subterráneas con muchos recursos visibles para recoger.

PROS

- Las herramientas duran más.
- Recursos más fáciles de encontrar.

CONTRAS

- Es complicado encontrar cuevas.
- Es fácil perderse.
- Criaturas al acecho.

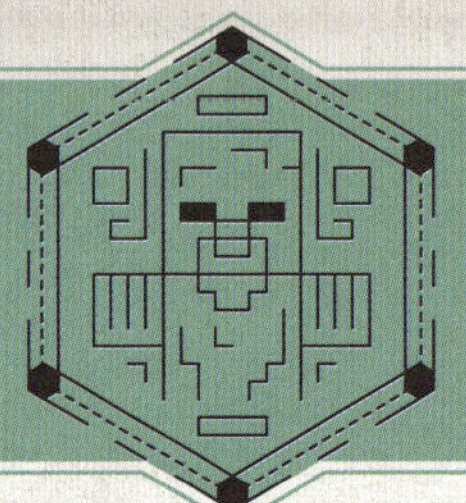

¡A COMER!

HAMBRE

Tu nivel de Hambre es tan importante como el de Salud, porque puede afectar a tus estadísticas y habilidades. Si la barra de Hambre está baja, no podrás correr. Si llega a cero, empezarás a perder puntos de Salud y ni siquiera podrás dormir.

20 PUNTOS DE HAMBRE
Recupera dos puntos de Salud automáticamente cuando te atacan.

6-17 PUNTOS DE HAMBRE
Ni ganas ni pierdes puntos de Salud.

<6 PUNTOS DE HAMBRE
Ya no puedes correr.

>18 PUNTOS DE HAMBRE
Regeneras lentamente puntos de Salud.

0 PUNTOS DE HAMBRE
Empiezas a perder puntos de Salud.

Si juegas en Modo Supervivencia, no puedes perder de vista las barras de Salud y de Hambre. Si bajan demasiado, ¡te costará más mantenerte con vida! Todas las acciones afectan a tu barra de Hambre, ¡suerte que puedes recuperarla con alimentos!

Los jugadores tienen dos estadísticas de alimentación: Hambre y Saturación. Con la comida aumentan las dos, pero solo la de Hambre es visible en pantalla. La Saturación puede reducir la necesidad de comer: cuanto más alta sea, más despacio se vacía la barra de Hambre. Los mejores alimentos para la Saturación son las rodajas de sandía, las zanahorias –especialmente las doradas–, el filete y las chuletas. El nivel de Saturación lo marca el último alimento que tomaste, así que ¡aliméntate bien!

Evidentemente, querrás los mejores alimentos para rellenar tu barra de Hambre, pero algunos son difíciles –y peligrosos– de encontrar. Ya llegarás hasta ellos, pero, para empezar, mejor centrarse en alimentos que se encuentran con facilidad. ¿Qué te parecen estas delicias?

REMOLACHA
Si tienes suerte, encontrarás cultivos de, por ejemplo, remolacha, que podrás plantar y cultivar.

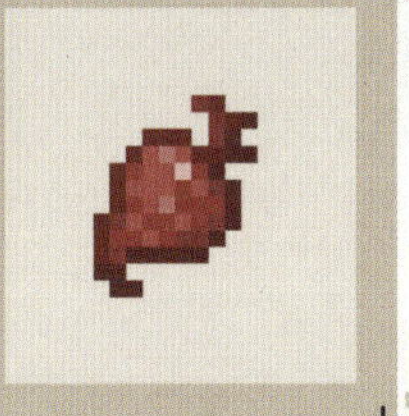

PAN
Puedes hacer pan en una mesa de trabajo con tres trigos. El pan es un alimento muy eficiente y sostenible.

BAYAS DULCES
Las encontrarás en zarzas de bayas dulces que crecen en los biomas taiga. ¡Ojo con las espinas de las zarzas!

PATATA ASADA
Las patatas asadas son muy saciantes. Puedes cocinarlas en un horno normal, uno de fusión o en una fogata.

TERNERA CRUDA
Las vacas dan ternera cruda, que puedes comer tal cual o cocinar para obtener más puntos de Hambre.

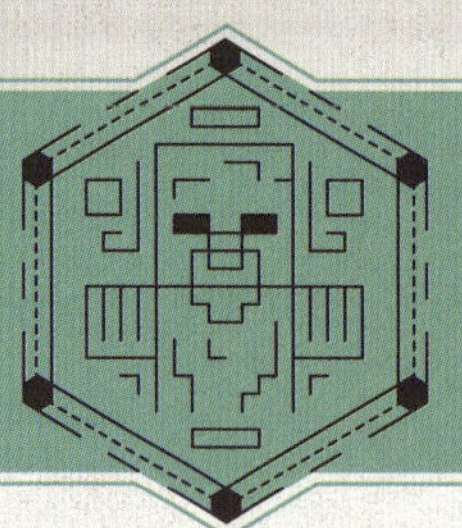

¡A COMER!

ALIMENTOS BÁSICOS

Puedes comer la mayoría de alimentos –pescado, carne, frutas y verduras...– crudos para rellenar tus barras de Hambre y Saturación. Sus valores nutricionales son variables, pero siempre podrás mantenerte bien alimentado.

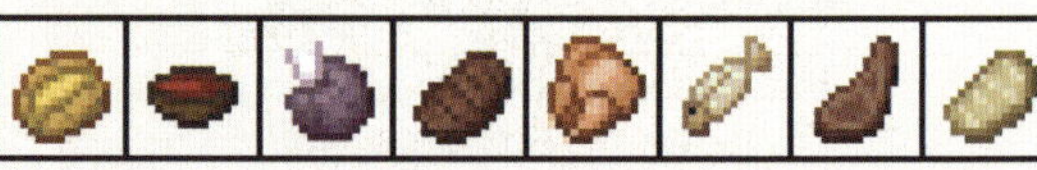

RECETAS

Hay alimentos que no pueden comerse crudos o que ofrecen poco sustento a menos que los prepares junto a otros en recetas: botellas de miel para curar envenenamientos, una tarta de cumpleaños... Las recetas alimentan más, pero también requieren más recursos. Si tienes una granja (págs. 26-29), podrás producir la mayoría de los ingredientes que necesitas. Hay muchas recetas deliciosas, aquí tienes nuestras preferidas.

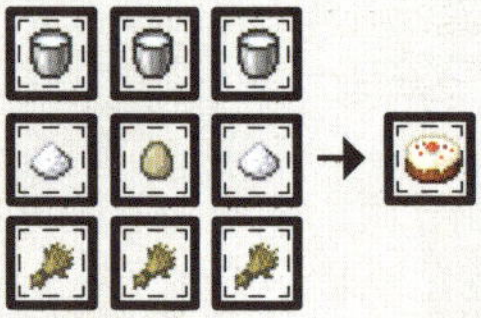

Receta de tarta

Receta de manzana de oro

Receta de galleta

A medida que exploras, vas a encontrar más fuentes de alimento. Algunas puedes comerlas sin más y otras prepararlas en recetas deliciosas. ¡Hasta hay alimentos mágicos! Fíjate bien para encontrar comestibles en el juego, ¡tener el alimento adecuado en el inventario puede salvarte la vida!

MEDICINAS Y VENENOS

Vigila lo que comes, ¡y no hablamos de galletas! Hay alimentos que afectan a tu estatus y pueden ser beneficiosos o perjudiciales para tu salud. La carne podrida te intoxicará y beber leche eliminará todos los efectos sobre tu estatus, incluso los positivos.

PROPIEDADES MÁGICAS

Hay alimentos con propiedades mágicas, como la fruta coral. Si la comes, te teletransportarás al azar a algún lugar cercano, cosa de lo más útil si caes desde mucha altura: te teletransportas al suelo y evitas sufrir daño por caída.

EFECTOS

He aquí algunos de los efectos de consumir determinados alimentos:

ANTÍDOTO	Cura el efecto del veneno.	**VENENO**	Causa daño con el tiempo.
ABSORCIÓN	Gana corazones de salud adicionales en tu barra.	**REGENERACIÓN**	Recupera la salud del jugador con el tiempo.
CEGUERA	Afecta la visión de un jugador.	**RESISTENCIA**	Reduce el daño recibido.
RESISTENCIA IGNÍFUGA	Anula casi todo el daño de fuego.	**TELETRANSPORTE**	Teletransporte a un bloque cercano.
HAMBRE	Vacía más rápido la barra de Hambre.	**DEBILIDAD**	Reduce la fuerza de ataque.
SUPERSALTO	Aumenta temporalmente la altura de salto de un jugador.	**WITHER**	Causa daño al jugador con el tiempo.
NÁUSEA	Hace que un jugador vea borroso.	**SATURACIÓN**	Rellena la barra de Hambre y reduce la necesidad de comer.
VISIÓN NOCTURNA	Aumenta la visión nocturna y bajo el agua del jugador.		

¡A CULTIVAR! COSECHAS

COSECHAS ABUNDANTES

Es la forma más fácil de obtener alimentos. Puedes cosechar distintos tipos de cultivos, desde trigo y remolacha hasta zanahorias y patatas, que puedes plantar tanto como semillas o plantas. Aquí tienes algunos ingredientes útiles para tus recetas.

PAN

El trigo no puede comerse crudo, pero si colocas tres unidades en una mesa de trabajo, obtendrás una sabrosa hogaza.

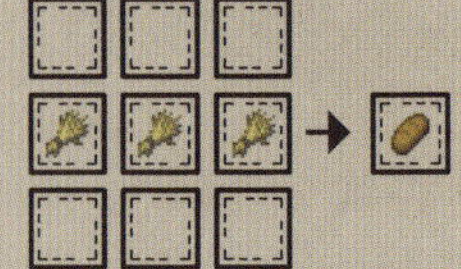

CULTIVO	CRECE DE	ALIMENTO
TRIGO	SEMILLAS DE TRIGO	5
REMOLACHA	SEMILLAS DE REMOLACHA	1 | 6
ZANAHORIA	ZANAHORIAS	3 | 6
PATATA	PATATAS	1 | 5
SANDÍA	SEMILLAS DE SANDÍA	2
CALABAZA	SEMILLAS DE CALABAZA	8

SOPA DE REMOLACHA

Haz un cuenco con tablas de madera y añade remolachas para obtener una sopa.

TARTA DE CALABAZA

Si tienes huevos de gallina y azúcar, ¿por qué no preparas una tarta de calabaza?

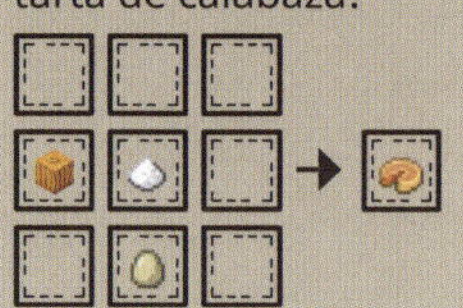

ZANAHORIA DORADA

Puede comerse o usarse para fabricar. Para fabricar una, usa ocho pepitas de oro y una zanahoria.

Para sobrevivir en Minecraft, la comida es esencial, por lo que necesitarás tenerla a mano. Una granja es una forma excelente de llenar la despensa. Puedes cosechar cultivos o criaturas ¡o ambas cosas!, y hasta se puede automatizar el proceso.

CÓMO CULTIVAR

Antes de ponerte a plantar verduras, necesitarás preparar la tierra. Los cultivos necesitan tres condiciones esenciales para crecer: tierra de cultivo, agua y luz. Esta granja básica tiene todo lo necesario para comenzar a cultivar.

LUZ

Los cultivos necesitan luz. El sol será suficiente durante el día, pero también puedes añadir fuentes de luz como antorchas para que sigan creciendo de noche.

TIERRA DE CULTIVO

Basta con usar una azada en bloques de tierra o hierba para preparar el terreno. Una vez hecho eso, planta las semillas de tu inventario, ¡verás cómo crecen!

AGUA

Si echas un cubo de agua en una tierra de cultivo, mantendrás la tierra irrigada hasta a cuatro bloques de distancia.

COSECHAR

Cuando finalice el crecimiento, coséchalos con un clic. Algunos pueden comerse crudos, pero otros, como el trigo, necesitarán cocinarse.

CONSEJO

¿Sabías que el polvo de hueso ayudará a crecer a tus plantas? Pulveriza los huesos que tengas para que tus semillas crezcan más rápido.

¡A CRIAR! CRIATURAS

OBTENER CARNE

Para obtener carne, deberás derrotar a una criatura para que la suelte. Las hay por todo el Mundo Superior, pero la mejor estrategia para obtener alimento es crear una granja y criar. De lo contrario, perderás mucho tiempo buscándola cuando se te acabe.

CONSEJO

Si derrotas a una criatura con un arco o una espada encantados con fuego, ¡la carne se cocinará al soltarla!

CRIAR CRIATURAS

Para criar, necesitarás dos criaturas adultas, a las que tendrás que alimentar con su comida preferida para que se reproduzcan. Repite el proceso hasta reunir un gran rebaño. Las criaturas crían una vez cada cinco minutos, ¡tendrás que armarte de paciencia!

CONSEJO

Las crías no sueltan objetos y tardan 20 minutos en convertirse en adultos. Puedes darles de comer para que crezcan más rápido.

Las criaturas ofrecen una fuente de alimento más contundente, aunque criarlas requiere más esfuerzo que los cultivos. Antes de obtener su carne tendrás que hacerlas criar para no quedarte sin criaturas, pero también te proporcionarán objetos útiles para fabricar.

¡A COCINAR!

Si cocinas la carne, aumenta la cantidad de puntos de Salud y Saturación. Puedes cocinar con un horno, una fogata o un ahumador, que cocina el doble de rápido que el horno, pero da la mitad de puntos de experiencia. En una fogata podrás cocinar cuatro objetos a la vez sin necesidad de combustible.

ESTOFADOS

Alimentan más que la carne sola, pero requieren más recursos. Fabrica un cuenco con tres tablas y prueba estas recetas:

Estofado de conejo

Estofado de setas

¡Añade una flor a tu estofado de setas para crear un estofado sospechoso con un efecto al azar sobre tu estatus!

CRIATURA	ALIMENTAR CON	PRODUCE
POLLO	SEMILLAS DE TRIGO SEMILLAS DE SANDÍA SEMILLAS DE REMOLACHA SEMILLAS DE CALABAZA	2 | 6 *El pollo crudo puede ser tóxico y causar efecto Hambre.*
CORDERO	TRIGO	2 | 6
CONEJO	ZANAHORIA ZANAHORIA DORADA DIENTE DE LEÓN	3 | 5
CERDO	ZANAHORIAS PATATAS REMOLACHA	3 | 8
HOGLIN	HONGO CARMESÍ	3 | 8
VACA	TRIGO	3 | 8

PRIMER DÍA

1 Golpea un árbol con los puños para obtener cuatro maderas.

2 Abre el inventario y us la cuadrícula d fabricación para convertir cuatro madera en 16 tablas.

3 Pon cuatro tablas en la cuadrícula para obtener una mesa de trabajo.

4 Coloca la mesa de trabajo en el suelo.

5 Convierte cuatro tablas en ocho palos con la mesa.

6 Con el resto de palos y tablas, fabrica un pico, un hacha y una espada de madera.

Ahora que sabes lo básico, ¡es hora de empezar a jugar! Tu primer día en el Mundo Superior será duro, pero, si te espabilas, para cuando caiga la noche ya estarás preparado. Esta guía te ayudará paso a paso en tu recorrido en Minecraft.

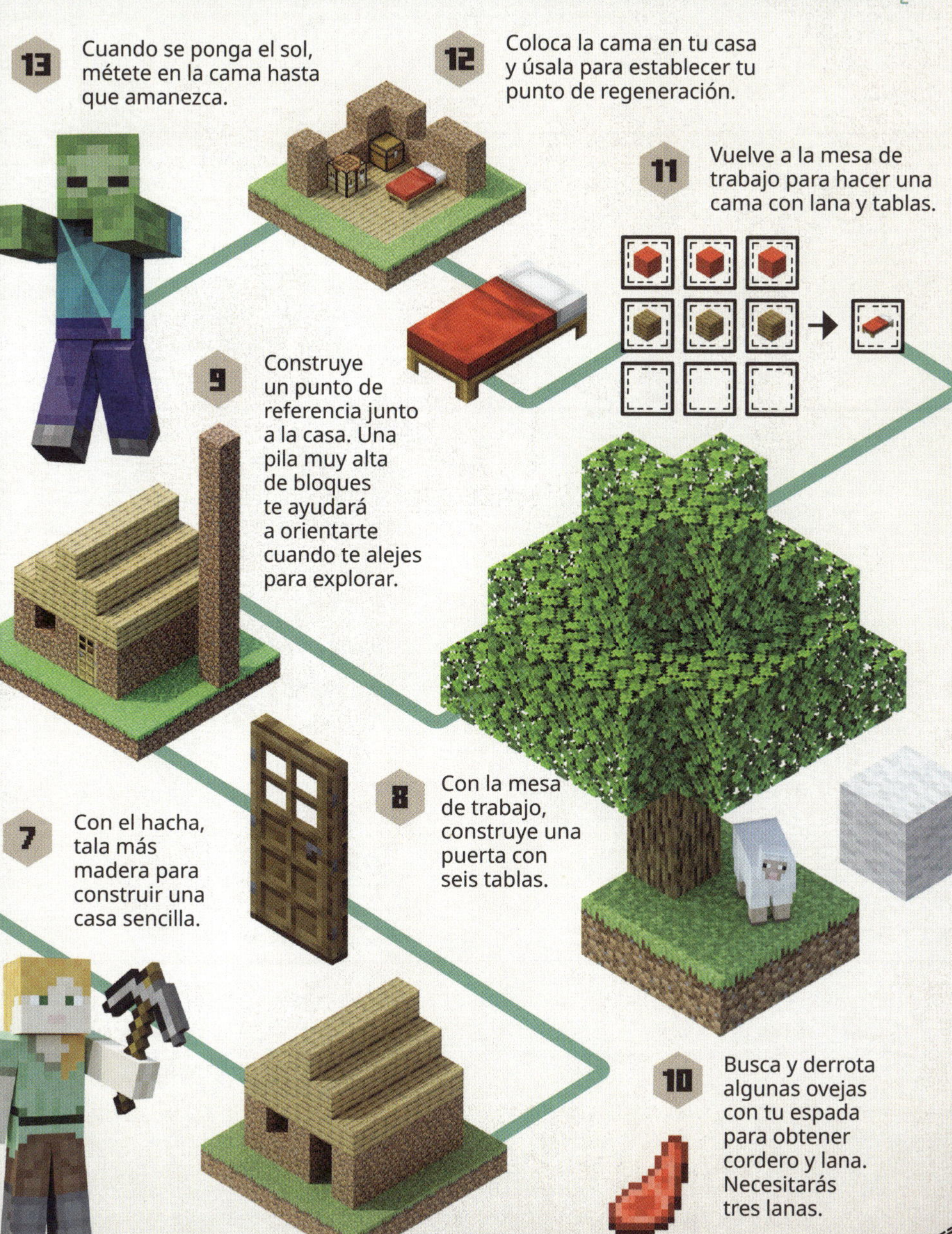

13 Cuando se ponga el sol, métete en la cama hasta que amanezca.

12 Coloca la cama en tu casa y úsala para establecer tu punto de regeneración.

11 Vuelve a la mesa de trabajo para hacer una cama con lana y tablas.

9 Construye un punto de referencia junto a la casa. Una pila muy alta de bloques te ayudará a orientarte cuando te alejes para explorar.

7 Con el hacha, tala más madera para construir una casa sencilla.

8 Con la mesa de trabajo, construye una puerta con seis tablas.

10 Busca y derrota algunas ovejas con tu espada para obtener cordero y lana. Necesitarás tres lanas.

SEGUNDO DÍA

1 Sal en busca de una colina. Con el pico de madera, recoge adoquines y carbón.

2 En la mesa de trabajo, haz un horno y herramientas de piedra.

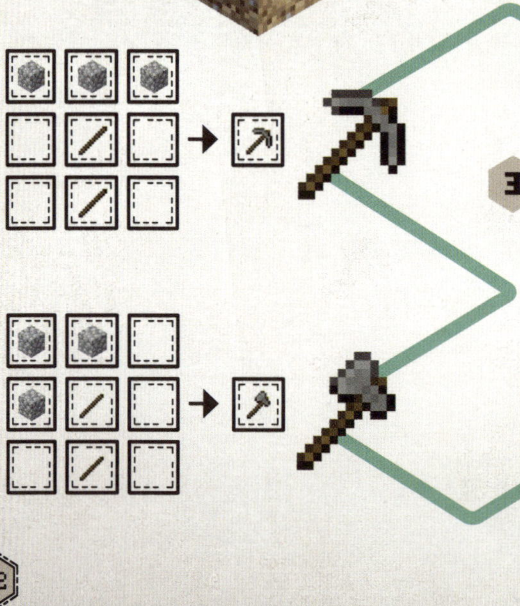

3 Usa el horno para cocinar el cordero. Necesitarás algún combustible como, por ejemplo, madera (o tus herramientas de ese material) o hulla.

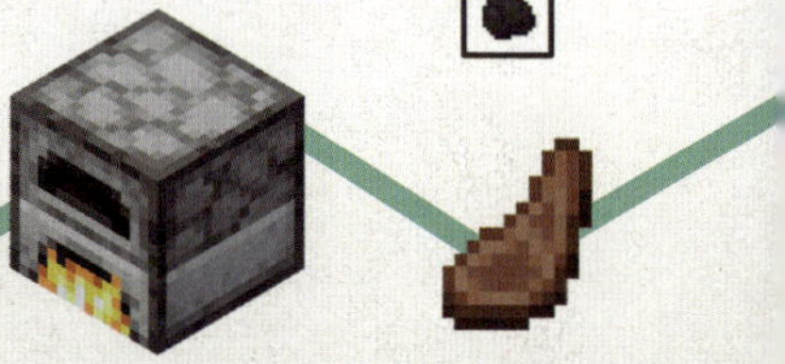

Has sobrevivido a tu primera noche, ¡enhorabuena! Pero solo ha sido el principio. Necesitarás nuevos materiales y ¡comida! Es fácil encontrar los recursos para mantener a tope la barra de Hambre y materiales para tu hogar.

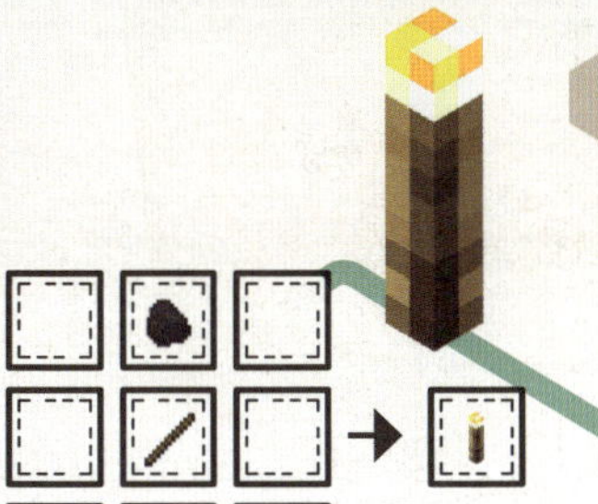

8 Encuentra una cueva y aventúrate bajo tierra con antorchas para alumbrarte en busca de hierro. Extrae el mineral de hierro con el pico de piedra.

7 Hazte una antorcha con hulla y un palo. Si no encuentras hulla, puedes fabricarla fundiendo madera en un horno.

6 Localiza una fuente de agua cercana y ara bloques de hierba con la azada para crear tierra de cultivo y plantar tus semillas.

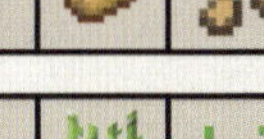

4 Cómete la carne cocinada para recuperar la barra de Hambre.

5 Explora la zona en busca de recursos. Recoge todas las semillas y verduras que encuentres para empezar tu granja.

SEGUNDO DÍA

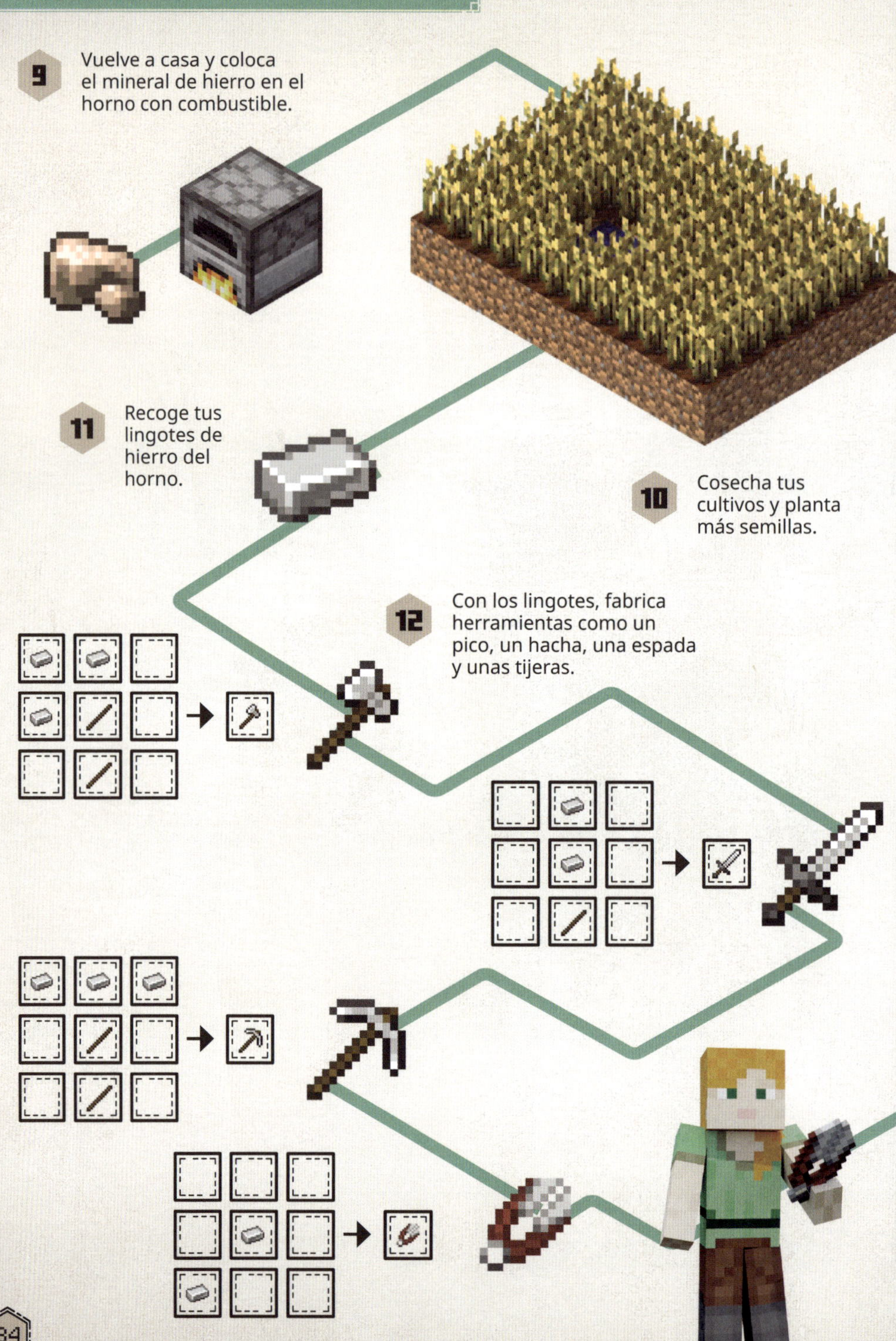
9
Vuelve a casa y coloca el mineral de hierro en el horno con combustible.
11
Recoge tus lingotes de hierro del horno.
10
Cosecha tus cultivos y planta más semillas.
12
Con los lingotes, fabrica herramientas como un pico, un hacha, una espada y unas tijeras.

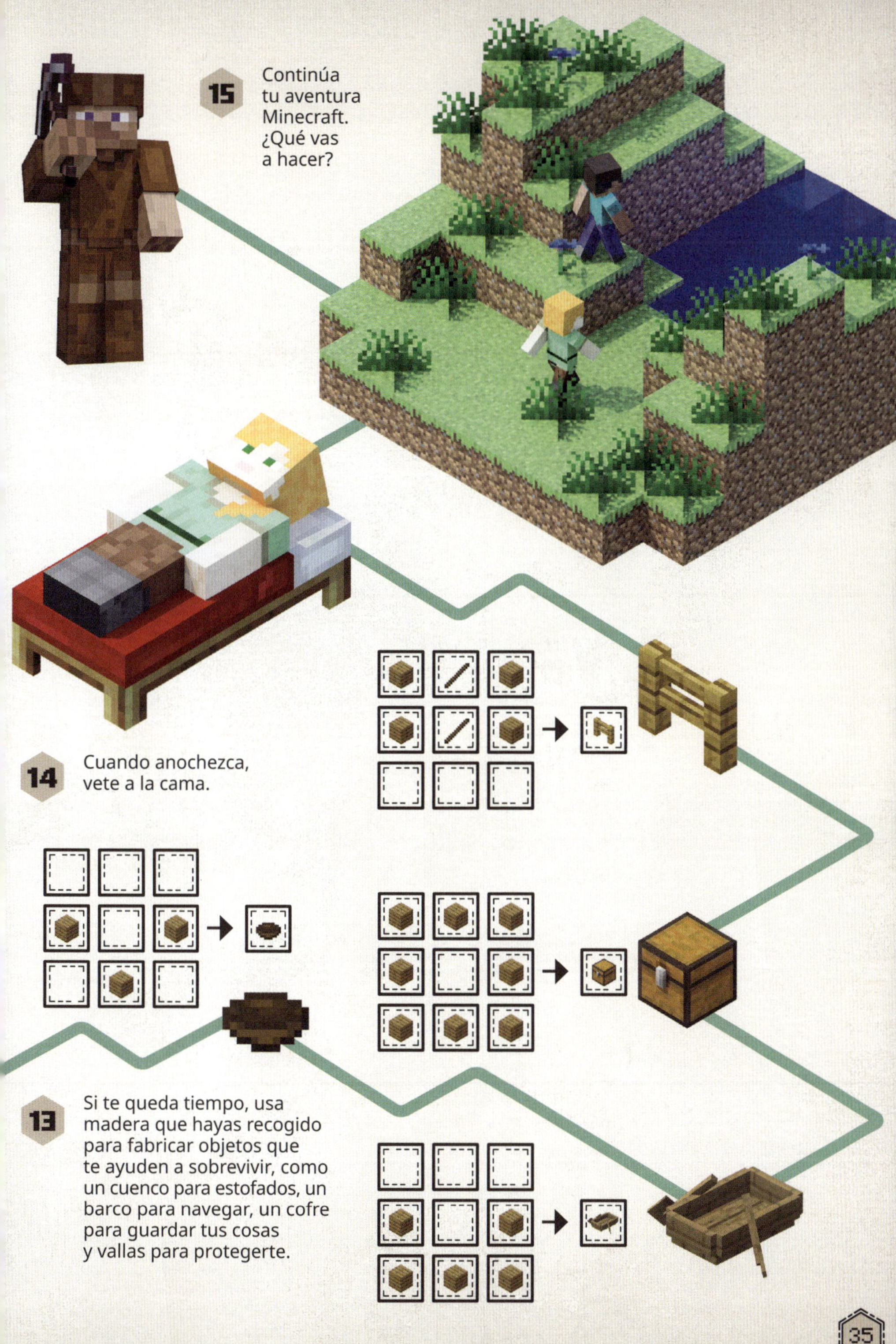

15 Continúa tu aventura Minecraft. ¿Qué vas a hacer?

14 Cuando anochezca, vete a la cama.

13 Si te queda tiempo, usa madera que hayas recogido para fabricar objetos que te ayuden a sobrevivir, como un cuenco para estofados, un barco para navegar, un cofre para guardar tus cosas y vallas para protegerte.

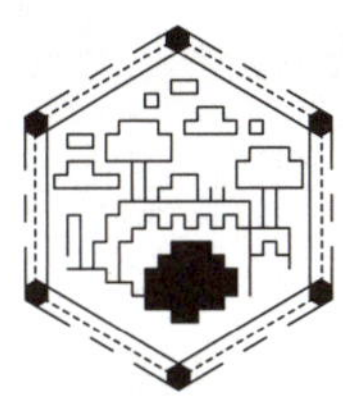

ADÉNTRATE EN EL JUEGO

Ahora que has creado tu mundo, es hora de explorarlo. Hay muchas cosas emocionantes por descubrir en Minecraft, y está en tu mano decidir qué quieres hacer primero. En esta sección vamos a descubrir qué puede ofrecerte este mundo lleno de bloques, desde biomas y estructuras generadas hasta pociones y encantamientos. ¿A dónde te llevará la aventura?

BIOMAS: MUNDO SUPERIOR

FUSIÓN DE BIOMAS

Los bordes en los que dos biomas se unen tienen características únicas.

DESIERTO

Es un bioma cálido formado principalmente de arena, con cactus y matorrales resecos por toda vegetación, cosa que dificulta la supervivencia. El agua es muy escasa y es más que probable que las únicas charcas que encuentres sean de lava.

JUNGLA

En este bioma poco frecuente abunda la vegetación frondosa y la vida salvaje. Está cubierto de árboles, incluyendo enormes árboles selváticos de 2x2 que pueden llegar a una altura de hasta 31 bloques. Es un bioma muy denso en el que es difícil construir.

El Mundo Superior es la dimensión en la que apareces al empezar un juego. Es un lugar de cielos azules salpicados de nubes sobre un mundo lleno de biomas diversos con paisajes, vegetación y criaturas únicas que esperan que los descubras. Veamos algunos de los biomas.

BOSQUE

Una opción muy popular para empezar el Modo Supervivencia por su abundancia de robles y abedules, además de muchísimas flores y criaturas. Es uno de los biomas más comunes.

SABANA

Un bioma llano de clima cálido en el que no llueve, así que no tendrás que preocuparte por los relámpagos..., ¡aunque también tiene sus sombras! Es un lugar ideal para encontrar recursos como madera de acacia, caballos para cabalgar y llamas para portear.

LLANURA

El bioma más popular para empezar el Modo Supervivencia. Las llanuras tienen grandes espacios abiertos para construir y abundante fauna para alimentarse. Resulta fácil encontrar pueblos cercanos, puesto que el espacio abierto permite ver hasta muy lejos.

TUNDRA

En este bioma frío y nevado hay menos árboles y criaturas que en otros, así que es todo un reto para el Modo Supervivencia. Sin embargo, está lleno de grandes llanuras con mucho espacio para construir.

PÁRAMOS

Un bioma cálido muy raro formado principalmente de arena roja con colinas y montañas de terracota. Es difícil de encontrar, pero, si lo haces, es muy probable que des con una recompensa, pues el oro se genera con más frecuencia en este bioma. Sin embargo, es tan baldío como el desierto; en él solo crecen cactus y matorrales resecos.

PANTANO

Cenagoso, de aguas poco profundas y con animales de todo tipo. El limo se regenera con frecuencia, especialmente durante la luna llena.

MONTAÑAS

Se dividen en dos categorías: colinas extremas y picos. Consisten en elevaciones altísimas y escarpadas. Los picos montañosos son, aparte de las colinas azotadas por el viento, el único bioma en el que encontrarás esmeraldas.

CAMPO DE CHAMPIÑONES

Este bioma, probablemente el más raro y extraño de todo el Mundo Superior, se genera en islas que, en lugar de hierba y árboles, están cubiertas de micelio y enormes champiñones. También es el hogar de las champiñacas, una peculiar variante de vaca cubierta de hongos.

TAIGA

Muy parecido al bosque, pero más frío. Con una tonalidad azul y aguas más oscuras, está cubierto de helechos y píceas. Aquí encontrarás cantidades limitadas de zarzas de bayas dulces, calabazas y zorros.

PLAYA

Los biomas que lindan con el océano pueden generar uno de estos tres tipos de playa, según la temperatura y altura del bioma: playa, orilla pedregosa y playa nevada. A menudo aparecen tesoros enterrados bajo la arena, y las vetas de mineral de cobre son muy frecuentes.

RÍO

Estrechos, largos y turbulentos, los biomas de río se generan entre biomas y, o bien desembocan en el océano, o bien son circulares. En ellos abundan el agua, la arena, la grava y la arcilla, con lo que son un lugar lleno de recursos para empezar una aventura.

OCÉANO

Como en el mundo real, cubre la mayor parte del Mundo Superior, ¡casi un tercio! Este bioma llega hasta el fondo marino, por tanto es inmenso. Se puede sobrevivir gracias a los peces, los bosques de algas de los que puedes alimentarte y de los barrancos submarinos para minar.

VARIANTES RARAS

Puede que te topes con un bioma de picos de hielo, una variante rara de la llanura nevada llena de afiladas esquirlas de cristal en la que nunca se generan árboles ni construcciones, con lo que resulta uno de los biomas más inhóspitos del Mundo Superior.

LLANURA NEVADA

Una pradera cubierta de nieve en la que la supervivencia es difícil, porque la nieve congela a los viajeros desprevenidos y el hielo azul dificulta moverse. Aquí viven muy pocas criaturas y el cultivo es dificilísimo, ya que las fuentes de agua se congelan y el riego se vuelve casi imposible.

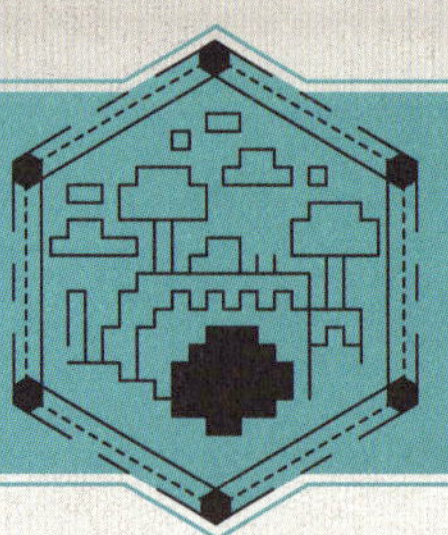

ESTRUCTURAS GENERADAS: MUNDO SUPERIOR

ALDEA

Hay aldeas en casi todos los biomas del Mundo Superior y están llenas de oportunidades. Puedes intercambiar tus recursos con los aldeanos por bloques, objetos y herramientas muy útiles.

PIRÁMIDE DEL DESIERTO

Se encuentran en los biomas del desierto. Si las exploras, encontrarás una cámara secreta que contiene cuatro cofres. ¡Cuidado, los protege una trampa de dinamita!

TEMPLO DE LA JUNGLA

Cubiertas de vegetación y enredaderas, estas estructuras de adoquín están en los biomas de la jungla. Contienen un enigma de redstone que te conducirá a dos cofres del tesoro.

Al adentrarte en los biomas, vas a encontrar muchos tipos de estructuras generadas en la superficie, bajo tierra y bajo el agua. Casi siempre están vacías. En muchas de ellas hallarás tesoros, pero ¡ándate con ojo, porque algunas están llenas de peligros!

MANSIÓN DE BOSQUE

Una estructura de roble de tres pisos llena de habitaciones y cofres con recompensas. Se encuentra con un mapa de explorador. Vindicadores y evocadores las defienden de los intrusos.

PUESTO DE SAQUEADORES

Mantente ojo avizor para encontrarlas. Las vigilan saqueadores con ballestas, pero contienen gólems de hierro enjaulados y allays, que bien valen el riesgo.

FORTALEZA

Enterradas bajo tierra, las fortalezas son estructuras laberínticas de bloques de piedra con muchas habitaciones por explorar y un portal desactivado oculto en sus profundidades, que podrás reparar para llegar al End.

MONUMENTO OCEÁNICO

Esta inmensa estructura de prismarina se encuentra en el fondo del mar y es el hogar de guardianes y guardianes ancianos que ahuyentan a los exploradores. En una sala hay ocho bloques de oro y puede que hasta algunas esponjas, que van fenomenal para absorber agua.

CRIATURAS DEL MUNDO SUPERIOR

INTERACTUAR CON CRIATURAS

Juegues como juegues en Modo Supervivencia, interactuar con criaturas te beneficiará a la hora de progresar. Sean pasivas, neutras u hostiles, conocer al resto de habitantes de tu mundo te traerá recompensas.

GENERACIÓN

La mayoría se genera de forma natural por todo el Mundo Superior según el nivel de luz. En general, las criaturas pasivas (amistosas) y neutras se generan en áreas bien iluminadas y las hostiles (peligrosas) en zonas oscuras.

EXPERIENCIA Y RECOMPENSAS

Al derrotar a una criatura, puede soltar orbes de experiencia y objetos que puedes usar en recetas y encantamientos. Algunas recompensas solo se obtienen de este modo.

DOMESTICAR

Puedes domesticar gatos, caballos y llamas si les das su comida preferida, y ganarte la confianza de otras criaturas, como ajolotes y zorros. Una vez domesticadas, te seguirán e incluso, en el caso de los lobos, te ayudarán en la batalla.

CRIAR

Algunas criaturas tendrán crías si les das unos alimentos determinados.

No tardarás en toparte con algunas de las muchas criaturas que rondan por el Mundo Superior. Algunas se convertirán en compañeras fieles, mientras que otras tratarán de acabar contigo. Sea cual sea su temperamento, todas te serán de utilidad en tu aventura.

LEYENDA DE CRIATURAS

En las páginas siguientes conocerás a muchas de las criaturas que encontrarás en Minecraft. Cada una tiene distintas estadísticas de salud y daño y suelta diferentes elementos si la derrotan, o tiene distintos alimentos que sirven para domesticarla o hacerla criar. Estos iconos junto a cada perfil de criatura te ayudarán a descifrar sus estadísticas en la Edición Bedrock.

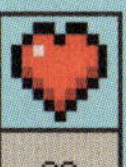

El corazón indica el número máximo de daño que puede recibir una criatura antes de derrotarla.

La espada indica el máximo daño que puede infligir una criatura cuerpo a cuerpo en modo normal, que aumentará en modo difícil.

El arco indica el máximo daño a distancia que puede causar una criatura en modo normal, que aumentará en modo difícil.

Algunas criaturas tienen armadura para protegerse. Esta estadística indica la protección que le otorga su equipo.

- Flecha
- Remolacha
- Vara de blaze
- Hueso
- Polvo de hueso
- Cuenco
- Pan
- Zanahoria
- Hulla
- Lingote de cobre
- Ballesta
- Diente de león
- Huevo
- Esmeralda
- Libros encantados
- Perla de Ender

- Orbe de experiencia
- Pluma
- Flores
- Botella de cristal
- Bayas resplandecientes
- Polvo de piedra brillante
- Cuerno de cabra
- Hacha dorada
- Zanahoria dorada
- Espada dorada
- Pólvora
- Lingote de hierro
- Cuero
- Crema de magma
- Disco de música
- Concha de nautilus

- Estandarte siniestro
- Membrana de fantasma
- Amapola
- Patata
- Pez globo
- Pata de conejo
- Piel de conejo
- Ternera cruda
- Pollo crudo
- Bacalao crudo
- Chuleta cruda
- Conejo crudo
- Salmón crudo
- Polvo de redstone
- Carne podrida
- Montura

- Escama
- Fondo marino
- Caparazón de shulker
- Cabeza
- Ojo de araña
- Palos
- Cordel
- Azúcar
- Bayas dulces
- Tótem de la inmortalidad
- Tridente
- Pez tropical
- Trigo
- Calavera de esqueleto de Whither

CRIATURAS PASIVAS

Son inofensivas y no atacan a los jugadores aunque se las provoque. La mayoría de criaturas pasivas se pueden criar o domesticar, con lo que tenerlas cerca como mascotas o animales de granja resulta de lo más útil.

ALDEANO

Solícito vecino que intercambiará recursos por esmeraldas.

20 | 2

Criar

OVEJA

La única fuente natural de lana para fabricar camas, alfombras y decoración. Se halla en la mayoría de biomas herbosos.

8

Criar | Suelta

SALMÓN

Lo encontrarás en océanos y ríos, y es una excelente fuente de alimento.

6

Suelta

TORTUGA MARINA

Criatura acuática que siempre regresa a la playa donde nació para poner huevos. Suelta una escama al crecer.

30

Criar | Suelta

POLLO

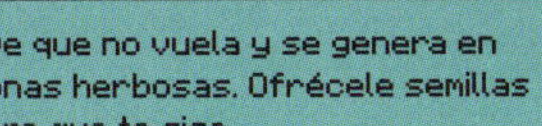

Ave que no vuela y se genera en zonas herbosas. Ofrécele semillas para que te siga.

4

Criar

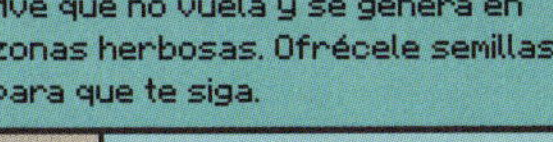

Suelta

CERDO

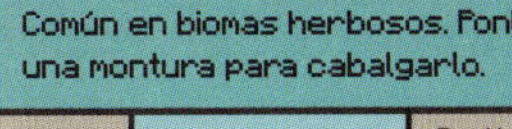

Común en biomas herbosos. Ponle una montura para cabalgarlo.

10

Criar

Suelta

CONEJO

Saltan sin ton ni son y por conseguir una zanahoria se arrojarían por un precipicio.

3

Criar

Suelta

VACA

Se puede ordeñar con un cubo y se encuentra en casi todos los biomas herbosos.

10

Criar

Suelta

GATO

¿No te gustan los gatos? A los creepers tampoco, y harán por evitarlos. Los atraerás con pescado crudo.

10

Criar

Suelta

ZORRO

Criatura nocturna que se abalanza sobre su presa y puede llevar un objeto en la boca.

20

Criar

Suelta

CABALLO

Para domesticar a esta criatura amistosa hay que insistir y montarlo una y otra vez hasta que no corcovee. Entonces, ponle una montura y a cabalgar.

30

Criar

Suelta

CRIATURAS NEUTRALES

Suelen ser inofensivas, pero se vuelven hostiles si se las provoca. Algunas solo se ponen agresivas ante un ataque, mientras que a otras se las puede provocar de distintas maneras.

OSO POLAR

Descripción	Salud	Ataque
Parece monísimo, pero no te acerques a sus crías; atacará a cualquiera que las ronde.	30	5

Suelta

CABRA

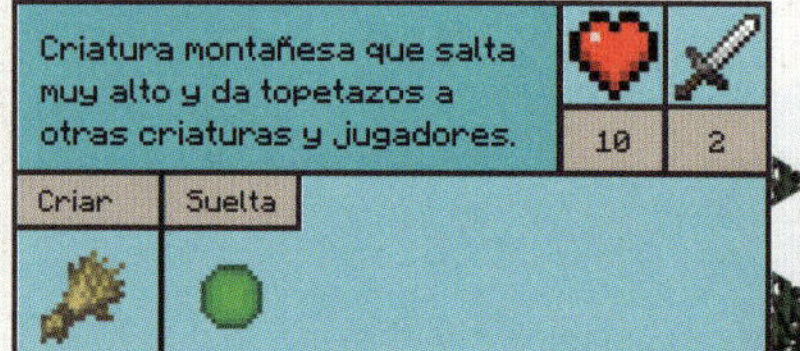

Descripción	Salud	Ataque
Criatura montañesa que salta muy alto y da topetazos a otras criaturas y jugadores.	10	2

Criar | Suelta

ARAÑA

Descripción	Salud	Ataque
A pesar de su tamaño terrorífico, solo se vuelve hostil cuando hay poca luz.	16	2

Suelta

DELFÍN

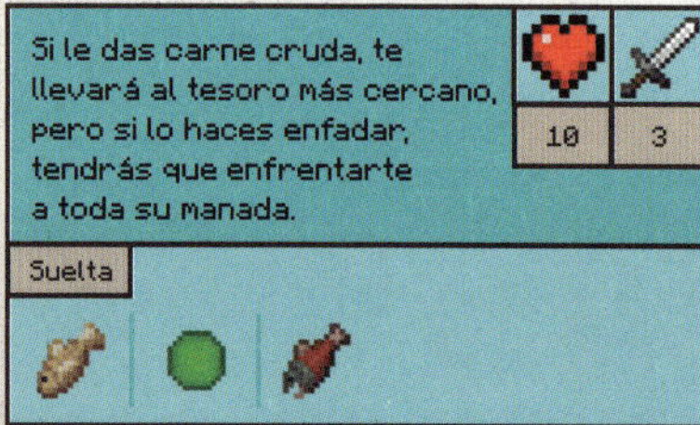

Descripción	Salud	Ataque
Si le das carne cruda, te llevará al tesoro más cercano, pero si lo haces enfadar, tendrás que enfrentarte a toda su manada.	10	3

Suelta

LOBO

Es fácil de domesticar; te seguirá y te ayudará en la batalla. Especialmente hostil contra los esqueletos.

Salud	Daño
20	4

Criar	Suelta

GÓLEM DE HIERRO

Defiende a jugadores y aldeanos de amenazas hostiles y puede generar amapolas para regalar.

Salud	Daño
100	21.5

Suelta

ABEJA

Poliniza plantas y produce miel, pero cuidado: ¡no te la dará de buena gana!

Salud	Daño
10	2

Criar	Suelta

CRIATURAS HOSTILES

¿Creías que todas las criaturas eran amistosas? ¡Ja! Algunas te atacarán nada más verte. El Mundo Superior esconde diferentes tipos de amenaza, pero si tienes suerte, una criatura acorazada también soltará su armadura al ser derrotada.

CREEPER

Muy taimado, se te acercará sigilosamente para explotar, causando un daño tremendo.

20	85

Suelta

ESQUELETO

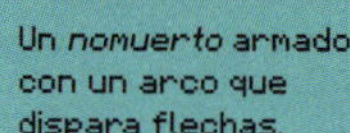

Un *nomuerto* armado con un arco que dispara flechas.

20	2	4

Suelta

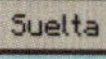   

PUSILÁNIME

Variante reseca del zombi que se arrastra por el desierto y sobrevive a la luz del sol.

20	3	2

Suelta

AHOGADO

Variante de zombi que se genera bajo el agua y sale a la orilla de noche, a veces armado con un tridente.

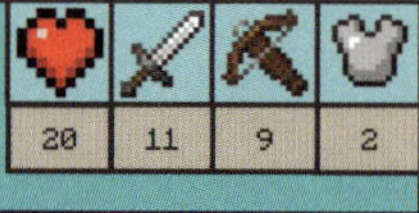

20	11	9	2

Suelta

FANTASMA

¡No te olvides de descansar! Esta criatura alada aparece cuando llevas tres noches sin dormir.

Salud	Ataque
20	6

Suelta

BRUJA

Parece una simpática aldeana, pero no te dejes engañar. ¡Te lanzará pociones horrendas!

Salud	Ataque
26	6

Suelta

SAQUEADOR

Maldeano con ballesta. Saquea aldeas y protege los puestos llenos de botín.

Salud	Ataque	Ballesta
24	3	4

Suelta

DEVASTADOR

Se genera en asaltos de maldeanos y embiste con la cabeza. Solo los maldeanos pueden cabalgarlo.

Salud	Ataque
100	12

Suelta

VINDICADOR

Este maldeano con un hacha de hierro está en mansiones de bosque y no se pierde un asalto.

Salud	Ataque
24	13

Suelta

EVOCADOR

Un maldeano hechicero que se encuentra en mansiones de bosque y asaltos, y ataca con colmillos y *vexes*.

Salud	Ataque	Armadura
24	6	2

Suelta

¡A DEFENDERSE!

ARMADURA

Tu primera defensa contra criaturas hostiles es tu equipo. Cada pieza reducirá el daño que las criaturas y otras amenazas pueden infligirte.

CONSEJO

¿Sabías que la explosión de un creeper matará al instante a un jugador sin armadura?

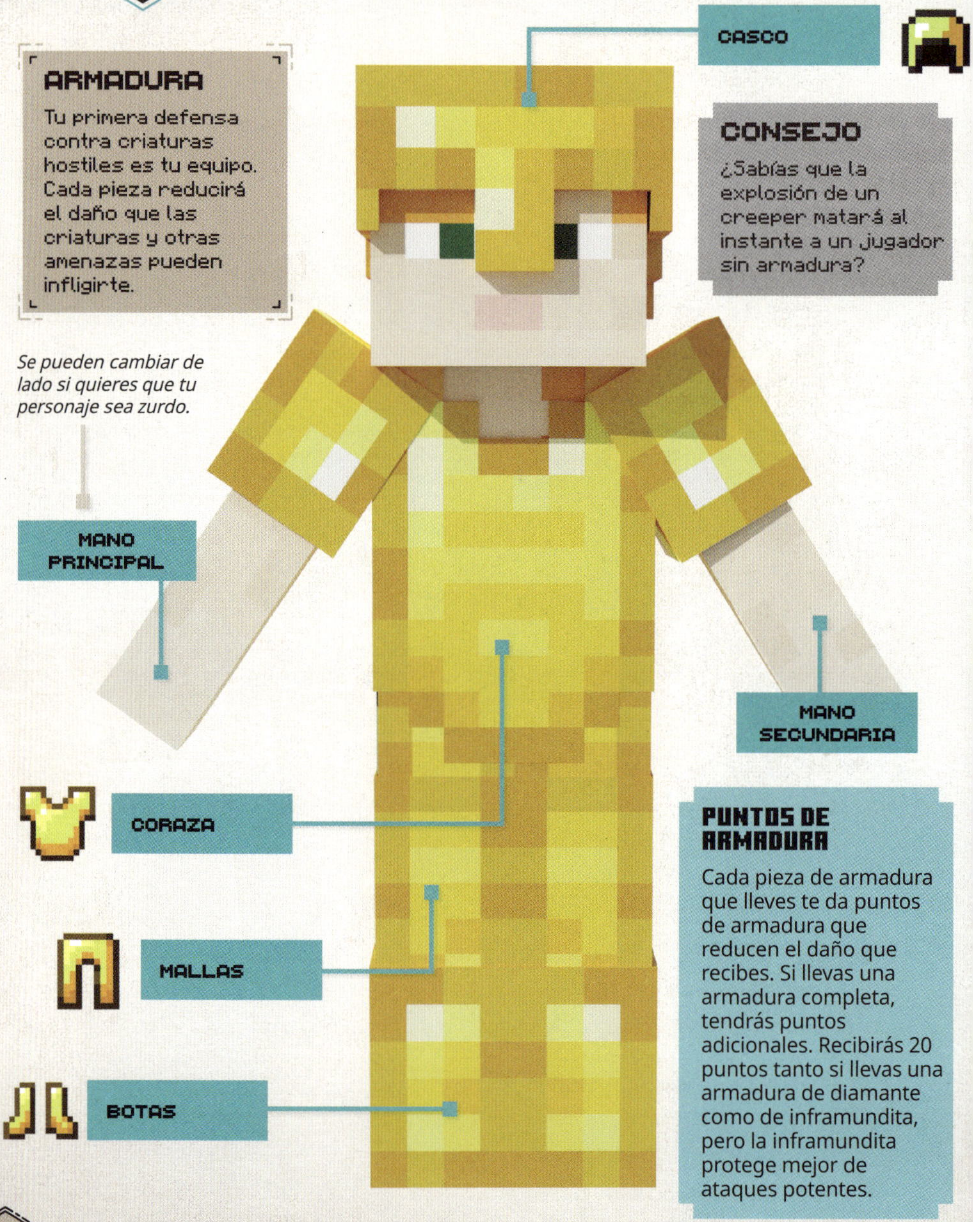

CASCO

Se pueden cambiar de lado si quieres que tu personaje sea zurdo.

MANO PRINCIPAL

MANO SECUNDARIA

CORAZA

MALLAS

BOTAS

PUNTOS DE ARMADURA

Cada pieza de armadura que lleves te da puntos de armadura que reducen el daño que recibes. Si llevas una armadura completa, tendrás puntos adicionales. Recibirás 20 puntos tanto si llevas una armadura de diamante como de inframundita, pero la inframundita protege mejor de ataques potentes.

En tu aventura te enfrentarás a tantas amenazas que debes prepararte para cualquier cosa. Una buena espada y un escudo te ayudarán, pero hay más cosas que puedes hacer para defenderte. Equiparte a conciencia aumentará tus posibilidades de sobrevivir.

DEFENSA ESTRUCTURAL

Por si mantenerte a salvo no era lo bastante difícil, también tienes que proteger tu morada. ¿O es que quieres encontrarte con un creeper en la cama? Por suerte, puedes tomar algunas medidas para mantener tu casa a salvo de criaturas.

LUZ

Las criaturas hostiles solo se generan en zonas oscuras. Si dispones antorchas y otras fuentes de luz alrededor de tu casa, eliminarás la posibilidad de que aparezcan criaturas hostiles.

MUROS Y VALLAS

Una forma segura de mantener alejadas a las criaturas es construir muros de dos bloques de altura, pero si no es el *look* que te gusta, rodear tu casa de vallas también servirá, excepto para las criaturas que atacan a distancia.

UMBRAL

¡Ojo con los zombis que llaman a la puerta! En Modo Difícil, acabarán echándola abajo. Puedes detenerlos de una forma muy sencilla: un umbral. Si elevas un poco tu puerta, los ataques de los zombis no la dañarán.

CONSEJO

¿Un extra defensivo? Mira las pociones en las págs. 66-69.

CRIATURAS DE COMBATE

ESPADA Y ESCUDO

Un ataque con espada despacha a las criaturas con rapidez. Si dejas que la espada se cargue del todo, tu ataque será más contundente. Cuando te ataquen, usa el escudo para bloquear el daño.

HERRAMIENTAS

Si te pillan desprevenido, algunas herramientas, como hachas, picos y palas, pueden hacer las veces de armas.

TRIDENTE

Un tridente sirve tanto para luchar cuerpo a cuerpo como a distancia, ¡es un arma de lo más valiosa! No se puede fabricar, solo lo obtendrás al derrotar a un ahogado que lleve uno.

ARCO Y BALLESTA

Hay criaturas que más vale derrotar de lejos. Por ejemplo, si un creeper se te acerca demasiado, podría incluso matarte al explotar. ¡Ojo con quedarte sin flechas!

Si te encuentras cara a cara con una criatura hostil, tienes dos opciones: huir o luchar. Una retirada a tiempo es una excelente defensa, pero, si te acorralan, dependerás de tu espada para salir con vida. Si te ves atrapado, ¡recuerda tu entrenamiento!

TÉCNICAS SOBRE EL TERRENO

Usa el terreno a tu favor. A las criaturas no las controla ningún jugador, ¡es fácil engañarlas con trucos sencillos!

Las criaturas voladoras y las más altas no te alcanzarán si estás bajo techo. Un tejado evitará que endermans y fantasmas te alcancen..., pero quedarás a merced del ataque de otras criaturas.

En momentos de desesperación, puedes construir un refugio rápido para defenderte. Una cámara de 3x3 como la que ves aquí te protegerá por todos lados y te permitirá atacar sin que la mayoría de criaturas –a excepción de las más pequeñas, como los zombis bebé– puedan alcanzarte. Cuídate de las amenazas diminutas y liquídalas primero.

Muchas criaturas no saben trepar, así que encaramarte a algún sitio también te protegerá. Puedes apilar dos bloques para elevarte y eliminar a las criaturas desde lo alto con tu espada. Podrás alcanzarlas, pero ellas a ti no.

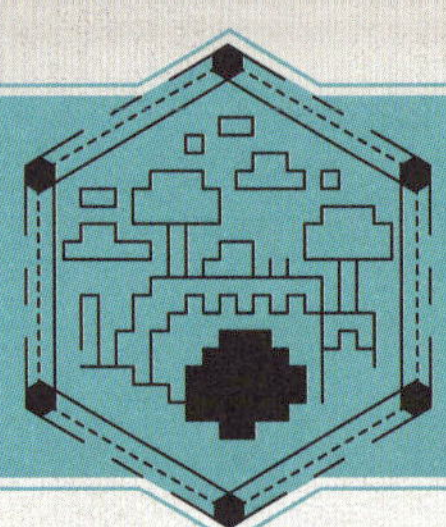

PARA NO PERDERSE

1 ¡ORIÉNTATE CON EL SOL!

Igual que en el mundo real, la posición del sol te ayudará a orientarte por el Mundo Superior. Si sabes que el sol y la luna salen por el este y se ponen por el oeste y que las nubes y las estrellas siempre se mueven hacia el oeste, podrás situarte sin necesidad de usar la brújula.

2 GUARDA TUS COORDENADAS

La opción «Mostrar coordenadas» en el menú de Opciones de Mundo te permitirá mostrar en qué bloque se sitúa tu personaje en la esquina superior izquierda de la pantalla. La X indica la longitud, la Y, la latitud y la Z, la altura. Toma nota de las coordenadas de tu casa para que, si te pierdes, te sea más fácil volver.

3 PUNTOS DE REFERENCIA

Familiarizarte con la zona en la que vives te ayudará a saber dónde estás y adónde ir. Busca puntos de referencia como ríos, montañas y biomas. También puedes crearlos tú, por ejemplo, construyendo torres de bloques que se vean de lejos para que siempre sepas regresar.

Explorar Minecraft es una experiencia apabullante. Mientras atraviesas junglas, pantanos y montañas en busca de recursos, la belleza es hipnótica hasta el punto de que no es difícil perderse. Por suerte, hay muchos trucos para orientarse.

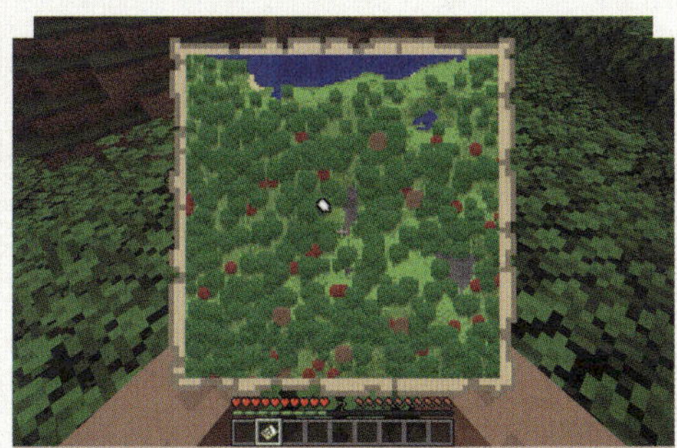

4 MAPAS

Nunca salgas sin tu mapa localizador. A medida que exploras, va guardando la zona, de modo que te ayuda a orientarte y te muestra tu posición. Se actualiza con los cambios en el terreno y también muestra las estructuras nuevas, ¡así nunca tendrás problemas para regresar a la base!

5 RASTRO DE ANTORCHAS

Aventurarse bajo tierra conlleva peligros como, por ejemplo, túneles interminables que desorientarán hasta al más veterano. Para no despistarte y encontrar siempre la salida, deja antorchas en el lado derecho a medida que desciendes, así, cuando quieras salir, te bastará con seguirlas hasta la superficie.

6 PUNTO DE REGENERACIÓN

En último lugar, la forma definitiva para volver a casa es guardar tu cama como punto de regeneración. Si alguna vez te pierdes, bastará con regenerarte para llegar hasta allí, aunque solo debes hacerlo como último recurso, ya que perderás la mayoría de objetos de tu inventario, ¡un precio muy alto!

PARA LLEGAR MÁS LEJOS

CONSEJOS

Las pociones y encantamientos (págs. 66-69) pueden aumentar tu velocidad.

CAMINAR, CORRER Y NADAR

Caminar y nadar son las formas más sencillas de moverse. Si tienes prisa, puedes correr para ir más rápido, pero asegúrate de llevar comida para cuando te entre el gusanillo.

CABALGAR

Una forma ideal de recorrer distancias largas con rapidez. Tendrás que encontrar un caballo, mula, burro, lavagante o cerdo y hacerte con una montura, que hallarás en estructuras generadas o si haces intercambios con aldeanos curtidores. Hay criaturas que tendrás que domar primero (pág. 46) y algunas, como burros, mulas y llamas, pueden hasta llevar cofres con material adicional.

VAGONETAS

Si tienes una ruta habitual, vale la pena conectar ambos puntos con raíles y una vagoneta. Así podrás ir y venir de forma rápida y cómoda, y también podrás llenar las vagonetas de cofres y usarlas como línea de suministro.

El mundo es inmenso y tendrás que cubrir grandes distancias en busca de recursos, biomas y estructuras generadas. Según lo lejos que tengas que ir, deberás plantearte cuál es la mejor forma de llegar a tu destino. ¡Suerte que hay muchas formas de viajar!

PORTAL DEL INFRAMUNDO

La forma más rápida y eficiente de cruzar distancias largas es un portal del Inframundo, pero atención: el Inframundo (págs. 72-79) es un lugar peligroso. Además, necesitarás un pico de diamante para minar la obsidiana con la que construir el portal.

Por cada bloque que te desplaces en el Inframundo, avanzarás ocho en el Mundo Superior. Por ejemplo, si cruzas 100 bloques en el Inframundo hasta el portal de salida, habrás cruzado 800 en la misma dirección en el Mundo Superior.

El Inframundo está lleno de lagos de fuego y criaturas peligrosas, así que muchos jugadores prefieren construir sus portales en el nivel más alto.

CONSEJO

Lleva contigo un chisquero de pedernal. Lo necesitarás si no quieres quedar atrapado en el Inframundo si el portal se daña.

PARA CONOCER A LOS ALDEANOS

¿DÓNDE ESTÁN?

Los encontrarás en aldeas en los biomas llanura, tundra, sabana y desierto, y su aspecto dependerá de su procedencia. Puede que hasta veas aldeanos zombis, a los que podrás curar con una manzana de oro.

COMERCIO

Puedes comerciar con cualquier aldeano con oficio, que te ofrecerá objetos acordes con su profesión (los verás en la página siguiente). Puedes intercambiar bloques y objetos por esmeraldas y viceversa.

COMERCIANTES CUALIFICADOS

Los aldeanos ganan experiencia y suben de rango al comerciar. Sus precios cambian según la demanda, y pueden quedarse sin objetos hasta que fabrican más. Empiezan como novatos y progresan a aprendices, viajeros y expertos.

Sabrás el rango de un aldeano por el color de su cinturón.

Los aldeanos son algo más que amigos; pueden ofrecerte un montón de objetos valiosos para intercambiar y resultan de mucha ayuda. Tienen de todo, desde esmeraldas a libros de encantamientos y mapas, así que conocer a tus vecinos aldeanos es muy beneficioso.

TRABAJOS

Aparte de los bulliciosos bebés aldeano y los nitwits, los aldeanos son muy trabajadores y siempre andan en busca de empleo. Si ves a un aldeano con ropa de paisano, coloca un bloque de trabajo para darle un oficio.

Los nitwits son aldeanos que no consiguen trabajo.

	**ARMERO** Vende armaduras y escudos poderosos.		**CURTIDOR** Compra cuero y lo usa para hacer armaduras y monturas.
	**CARNICERO** Compra alimentos crudos y los vende cocinados.		**BIBLIOTECARIO** Compra libros y los vende encantados.
	**CARTÓGRAFO** Vende mapas de explorador y estandartes.		**CANTERO** Compra piedra y arcilla y vende bloques decorados.
	**CLÉRIGO** Compra carne podrida y vende lapislázuli y perlas de Ender.		**PASTOR** Compra lana y vende camas y estandartes.
	**GRANJERO** Comercia con alimentos, también tartas y zanahorias doradas.		**HERRERO** Vende herramientas encantadas.
	**PESCADOR** Vende pescado cocinado y cañas de pescar encantadas.		**HERRERO DE ARMAS** Vende espadas y hachas encantadas.
	**FLECHERO** Vende arcos y flechas encantados.		

NUEVO TRABAJO

Puedes cambiar de trabajo a cualquier aldeano con quien no hayas comerciado. Destruye su bloque de trabajo y cámbialo por uno nuevo. Si colocas el mismo bloque que ya tenía, se actualizará su oferta.

CHISMES Y REPUTACIÓN

Como a cualquier comunidad, a los aldeanos les encanta chismorrear sobre todo lo bueno y lo malo que hagas. Tu reputación es importante, puesto que afectará a los precios cuando comercies.

POSITIVA Acciones como Curar y Comerciar mejorarán tu reputación.

NEGATIVA Acciones como Atacar y Matar aumentarán tu mala reputación.

DEFENSOR DE HIERRO

Los aldeanos son muy vulnerables. Suerte que cuentan con la ayuda de gólems de hierro para protegerse de criaturas hostiles. En una aldea con un mínimo de 10 aldeanos y 20 camas, se genera un gólem de hierro.

POPULARIDAD

Respeta siempre a tus vecinos. Si maltratas a los aldeanos, no solo saldrá perjudicada tu reputación, sino también tu popularidad; si baja demasiado, los gólems de hierro se volverán contra ti y te atacarán.

EXPANDIR LA ALDEA

Comerciar con los aldeanos te permitirá conseguir muchos objetos útiles. En el Mundo Superior, las aldeas ya están llenas de aldeanos al generarse, y los necesitarás de todas las profesiones para aumentar tus posibilidades de sobrevivir. Puedes hacer crecer la población de las aldeas si animas a los aldeanos a reproducirse.

TRANSFORMAR LA ALDEA

Para animar a los aldeanos a procrear y así aumentar la población, deberás lograr las condiciones perfectas. Aquí tienes una forma muy sencilla de transformar una casa de aldea para que dos aldeanos se animen a tener hijos.

CAMAS

Sin camas para su prole, los aldeanos no procrearán. Coloca una cama adicional por cada aldeano que quieras añadir a la aldea.

PUERTAS

No olvides poner una puerta para que los aldeanos puedan salir a cuidar sus cultivos ¡o se morirán de hambre!

ALIMENTOS

Un aldeano con la barriga llena es un aldeano feliz. Crea tierra de cultivo con una fuente de agua y planta zanahorias, patatas o remolachas. Si instalas un compostador, los aldeanos empezarán a cultivar para alimentar a su familia... ¡siempre que haya un granjero en casa!

CONSEJO

Los aldeanos no pueden abrir cancelas. Pon un plato de presión para mantenerlos a salvo de criaturas hostiles.

¡A ENCANTAR!

¿CÓMO SE ENCANTA?

Para encantar necesitarás una mesa de encantamientos, que puedes hacer con un libro, dos diamantes y cuatro bloques de obsidiana. Agarra la herramienta o equipo que quieras encantar, entre uno y tres lapislázulis y algunos niveles de experiencia para usar la mesa.

USAR LA MESA DE ENCANTAMIENTOS

La mesa ofrece encantamientos al azar según el objeto y el número de estanterías que haya cerca. Cuando interactúes con una, verás la siguiente interfaz:

Coloca aquí entre uno y tres lapislázulis como combustible.

Este número indica los niveles de experiencia que consumirá el encantamiento.

El nombre del encantamiento va escrito en el Alfabeto Galáctico Estándar, ¡no te preocupes si no sabes leerlo! Si pones el cursor sobre el texto, verás la traducción.

En esta casilla va el objeto que quieras encantar.

El número de la derecha indica el nivel que necesitas para completar el encantamiento.

La lista de encantamientos disponibles depende de la cantidad de estanterías en las inmediaciones.

La forma más rápida de mejorar tu equipo es fabricarlo con materiales más resistentes, pero encantarlo es aún mejor. Hay muchos encantamientos diferentes, desde herramientas más duraderas hasta espadas más poderosas. Encantar es ideal, ¡pero te saldrá caro!

EXPANDE TU CONOCIMIENTO

Para saber mucho hay que leer mucho, ¡y lo mismo pasa con las mesas de encantamientos! Si colocas estanterías a su alrededor –hasta 15–, accederás a encantamientos más poderosos que te permitirán llegar hasta el nivel 30.

LIBROS ENCANTADOS

A la mayoría de encantamientos se accede con una mesa. Pero hay algunos, como Reparación o Caminante helado, que encontrarás en forma de libros que te darán los aldeanos. Estos encantamientos se aplican a los objetos mediante un yunque.

ENCANTAMIENTOS

Hay 37 encantamientos distintos que puedes aplicar a tu equipo, incluso puedes usar más de un encantamiento a la vez. Pueden servir para varios objetos, pero también solo para uno concreto. Aquí tienes algunos de los más útiles para el Modo Supervivencia.

EFICIENCIA

Aumenta la velocidad minera.

APORREAR

Aumenta el daño a criaturas no muertas.

CAÍDA DE PLUMA

Reduce el daño por caída.

IRROMPIBILIDAD

Aumenta la durabilidad.

INFINITO

Impide que las flechas se acaben.

¡TOCA HACER POCIONES!

¿CÓMO LO HAGO?

La mayoría de pociones son el resultado de un proceso de varios pasos que transforman la poción de un estado a otro hasta obtener el resultado deseado. Te hará falta un soporte para pociones, que encontrarás en iglús o aldeas, aunque también puedes fabricarlo con una vara de blaze y adoquines. Las varas de blaze, así como el polvo de blaze que alimenta el soporte, se obtienen de los blazes (pág. 78). También necesitarás botellas de cristal y un contenedor de agua –como un caldero–.

CÓMO HACER POCIONES

1 Llena las botellas con agua del caldero y ponlas en las tres casillas de poción. Añade polvo de blaze a la casilla de combustible –el número te indica cuánto te queda–.

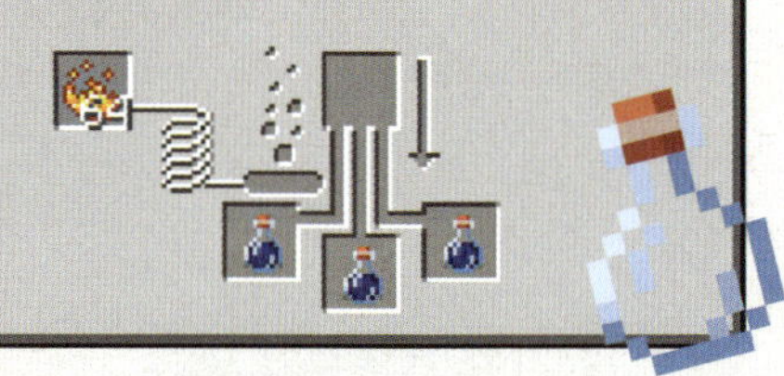

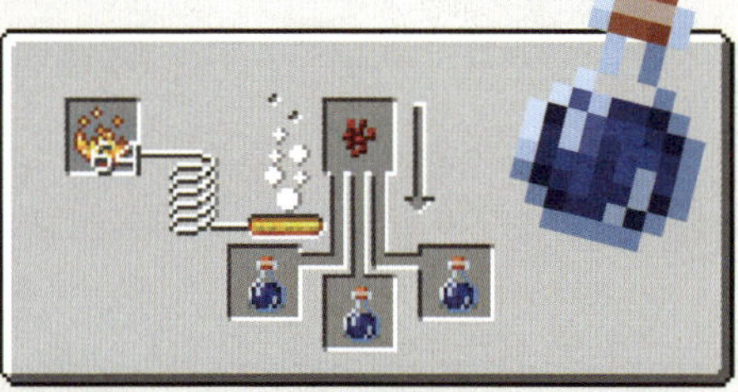

2 Crea una poción base. La poción rara es la base de la mayoría de pociones y no tiene efecto por sí sola. Se hace poniendo una verruga del Inframundo en la casilla de ingrediente.

3 Coloca un ingrediente nuevo en una casilla para añadir un efecto a la poción base. Si añades azúcar a una poción rara, obtendrás poción de rapidez.

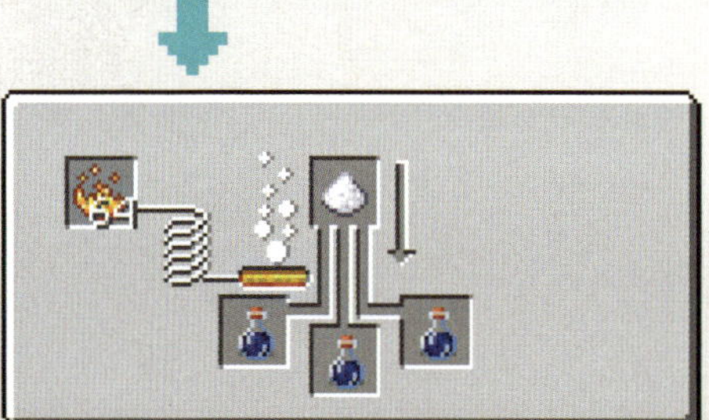

4 Retira las pociones terminadas del soporte y guárdalas en tu inventario. Prueba con otros ingredientes para crear más pociones.

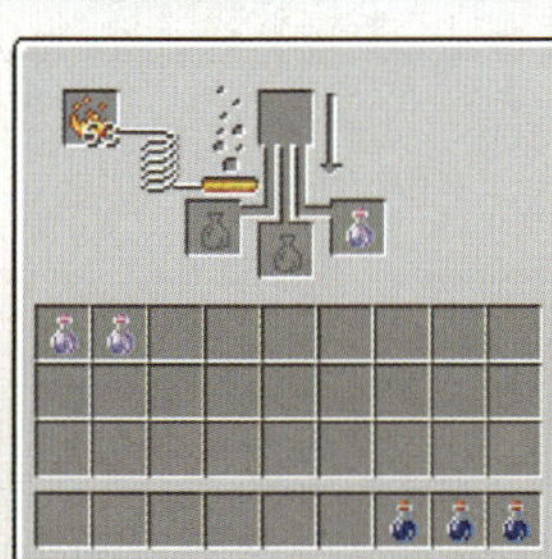

Cuando lleves unas semanas en Minecraft, ya te habrás enfrentado a innumerables peligros que te harán desear estar mejor preparado. Puedes elaborar muchas pociones que te ayudarán en tu aventura, desde una poción ignífuga hasta una poción de curación.

AQUÍ TIENES ALGUNAS DE LAS POCIONES QUE TE PUEDEN SER ÚTILES

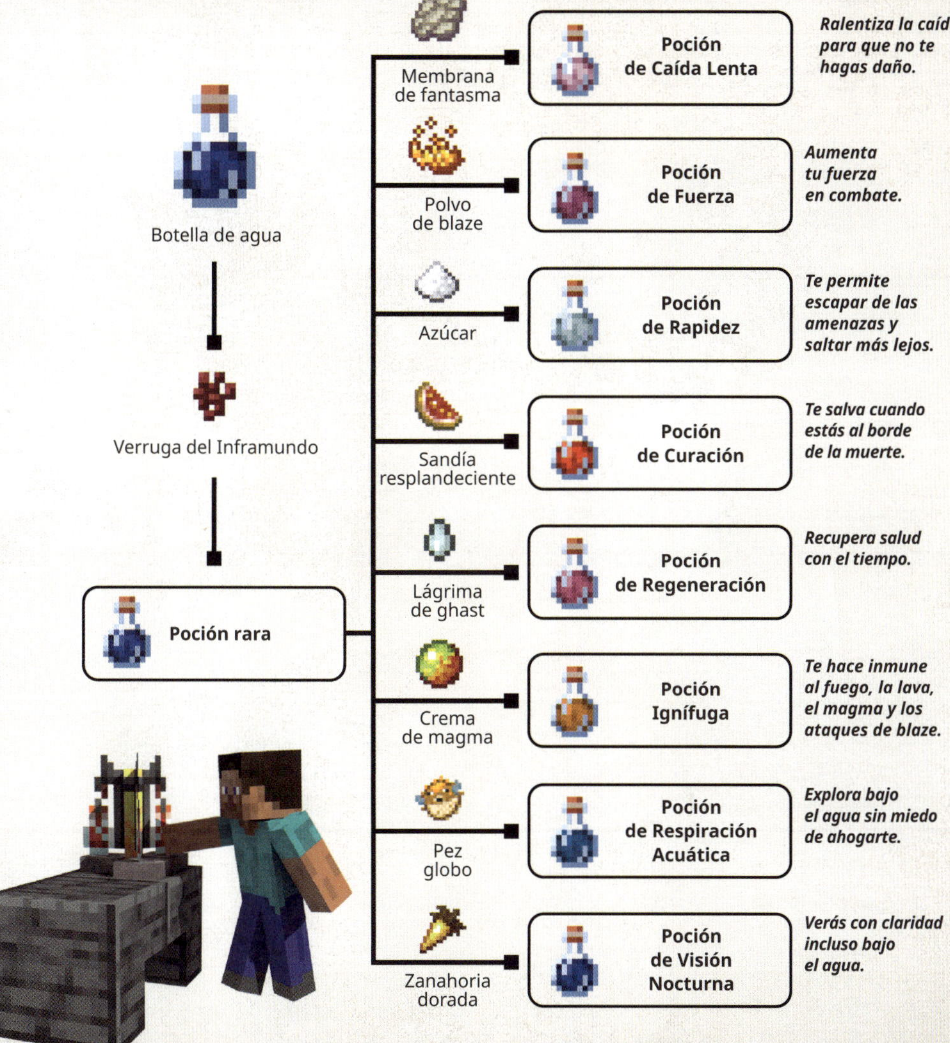

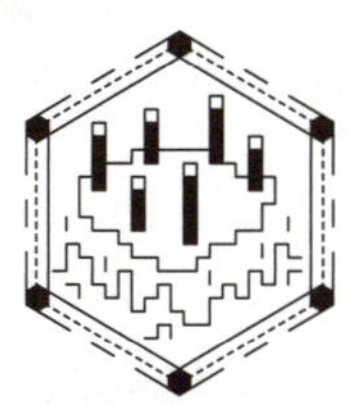

NUEVAS DIMENSIONES

A medida que haces crecer tu casa en el Mundo Superior, vas a ser capaz de enfrentarte a retos mayores. Ha llegado la hora de descubrir las dimensiones alternativas del Inframundo y el End, extrañas y peligrosas y llenas de prodigios inimaginables en el Mundo Superior –¡además de esconder un botín que no encontrarás en ninguna otra parte!–. Explorar estas dimensiones pondrá a prueba tus habilidades de supervivencia para enfrentarte a los peligros del Inframundo y medirte con el infame dragón de Ender.

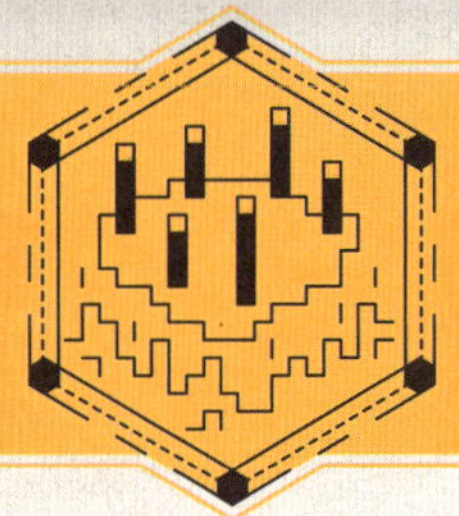

EL INFRAMUNDO

CÓMO LLEGAR

Necesitarás un portal del Inframundo. Puedes reparar uno en ruinas o crear uno nuevo con bloques de obsidiana que colocarás en forma rectangular y prenderás con un chisquero de pedernal.

La obsidiana llorosa impide que funcione el portal, tendrás que remplazarla

Tienes que prenderlo con un chisquero de pedernal.

Para obtener obsidia puedes minarla con un pico de diamante o crearla vertiendo lava en un bloque de agua.

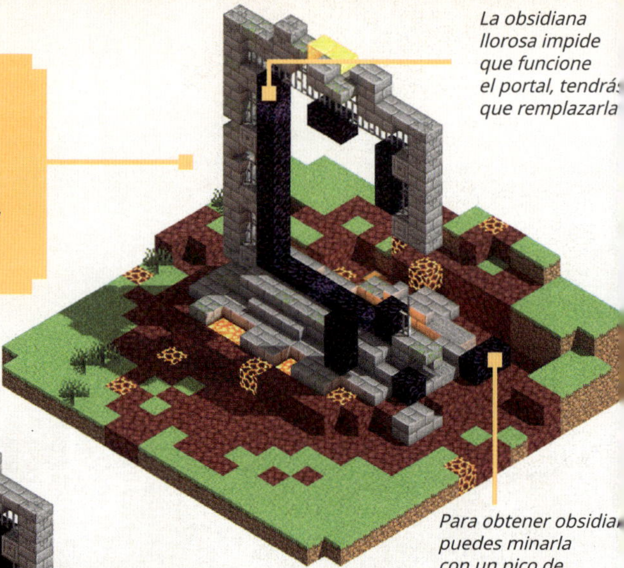

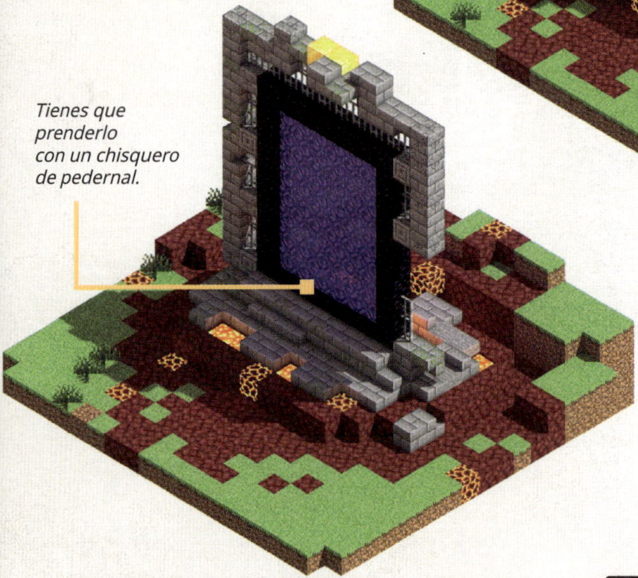

Diagrama del portal

PUNTO DE REGENERACIÓN

Cuando llegues al Inframundo, tal vez pienses en meterte en una cama para guardar tu punto de regeneración, pero ¡NI SE TE OCURRA! En esta dimensión es imposible dormir y, si lo intentas, tu cama explotará. Guarda tu punto de regeneración con un ancla de regeneración de obsidiana llorosa y piedra brillante.

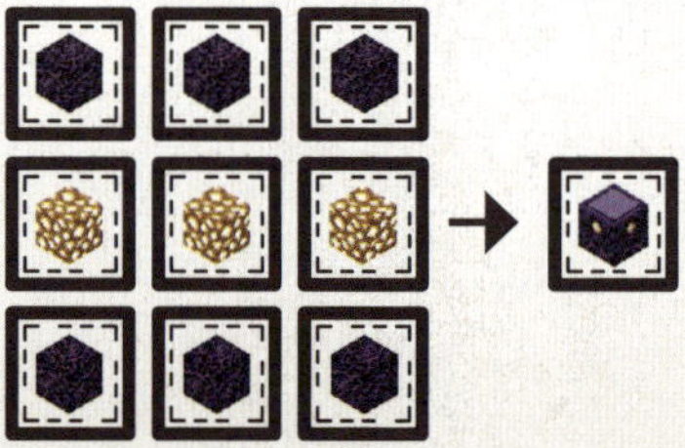

Receta de ancla de regeneración

En tus aventuras en el Mundo Superior, quizá te topes con un portal en ruinas. Si lo reparas, crearás una entrada a la dimensión del Inframundo, un mundo de fuego, lava y hongos, aunque también puedes construir uno de cero. Ándate con cuidado: ¡esta dimensión está llena de peligros!

POBLACIÓN NATIVA

Las criaturas del Inframundo son tan hostiles como el paisaje. Los ghasts disparan bolas de fuego explosivas y los esqueletos de Wither te causarán efecto Wither. Sin embargo, hay criaturas que, con un poco de esfuerzo, se convertirán en aliados, como los piglins, que comerciarán contigo para conseguir lingotes de oro.

Restos ancestrales

Piedra brillante

Infiedra

Cuarzo

RESTOS ANCESTRALES

Explorar el Inframundo te recompensará con nuevos bloques para construir. Si tienes suerte, hasta encontrarás restos ancestrales, que se pueden fundir para obtener fragmentos de inframundita. Al combinarlos con lingotes de oro, producen lingotes de inframundita.

NUEVAS MONTURAS

No es buena idea llevarte un caballo al Inframundo; el terreno irregular y los lagos de lava no tienen clemencia con ellos. Por suerte, en el Inframundo encontrarás lavagantes, que harán cualquier cosa para que les des setas, ¡incluso caminar sobre la lava! Ponle una montura a un lavagante y cuelga un hongo deformado de un palo para guiarlo.

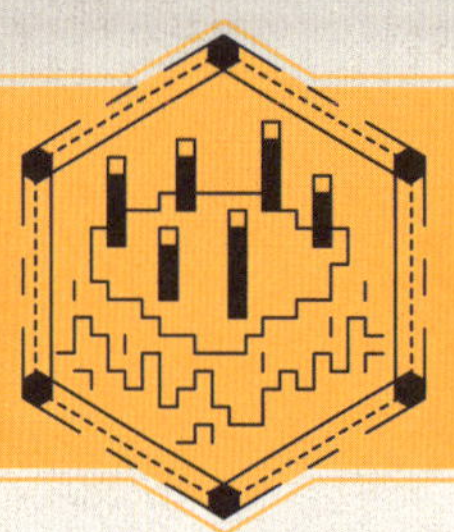

BIOMAS: INFRAMUNDO

VALLE DE ARENA DE ALMAS

Es el equivalente a un desierto en el Inframundo. Está cubierto de arena de almas, que te ralentiza y, por si fuera poco, el fuego de almas, una potente llama azul, devasta el terreno. Tal vez encuentres restos fosilizados de criaturas atávicas.

BOSQUE CARMESÍ

Debe su nombre al hongo carmesí que recubre su superficie. Es un bioma raro en el baldío Inframundo. Tiene su propio ecosistema y está lleno de piglins y hoglins.

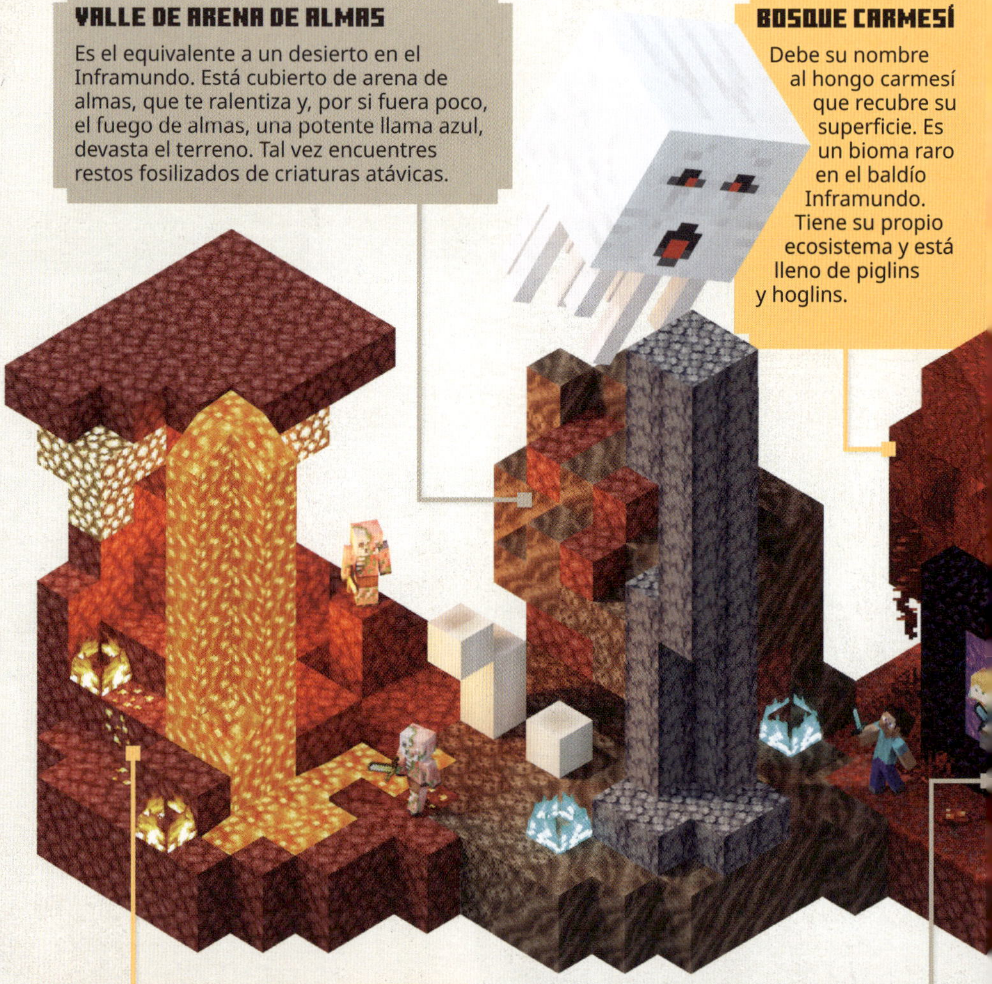

ERIAL DEL INFRAMUNDO

El bioma más común en esta dimensión está cubierto de infiedra y depósitos de mineral, pero también abundan los piglins zombificados.

PORTAL

Cuando te hartes de enfrentarte a peligros y acaparar riquezas, puedes volver al Mundo Superior a través de un portal y ver lo lejos que has llegado (ver pág. 61).

El Inframundo es un lugar peligroso de terreno irregular muy difícil de explorar. Sin embargo, sus biomas también albergan belleza y maravillas, además de muchos objetos útiles como varas de blaze, esenciales para acceder a la dimensión del End y para hacer pociones.

DELTA DE BASALTO

Probablemente, el bioma más peligroso del Inframundo. Está hecho de escarpadas y afiladas formaciones de basalto entre charcas de lava. ¡Ándate con cuidado!

BOSQUE DEFORMADO

Para lo que es el Inframundo, este bioma es relativamente seguro. Sin embargo, los endermans vandálicos que vagan por aquí suponen un peligro para tus construcciones y tu tranquilidad.

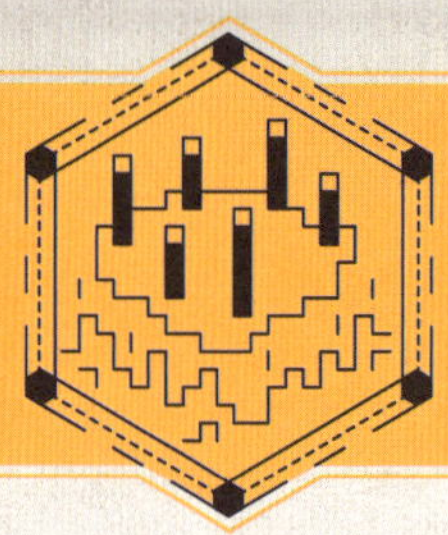

TERRENO: INFRAMUNDO

LAGOS DE LAVA

Algunos biomas del Inframundo contienen inmensos lagos de lava. ¡Cuidado, no vayas a caer en uno! Tu salud se agotará y el calor destruirá tus objetos. Para cruzar un lago de lava, tendrás que construir un puente o ir a lomos de un lavagante.

FUENTES OCULTAS DE LAVA

¡Ojo con donde excavas! Podría haber fuentes ocultas de lava tras las paredes de infiedra. Si ves que la lava viene hacia ti, apártate o detenla con un bloque. Aquí no podrás apagar el fuego con agua como en el Mundo Superior.

ARENA DE ALMAS

Se encuentra en el bioma del Valle de Arena de Almas. Te ralentizará si la pisas, lo que te convierte en presa fácil para criaturas. Si tienes una mesa de encantamientos, puedes encantar tus botas con Velocidad de Almas para poder cruzarla corriendo.

COLUMNAS DE BASALTO

Se encuentran en el bioma Delta de Basalto y están rodeadas de lava. Un paso en falso y chapotearás en un baño calentito. Si vences a un cubo de magma, obtendrás crema de magma, con la que preparar pociones de Resistencia Ígnea.

Los biomas del Inframundo son muy distintos a los del Mundo Superior. Necesitarás nuevas estrategias para explorarlos. Aquí no puedes avanzar a tontas y a locas entre los bloques, pues te arriesgas a toparte con criaturas, caer en pozos de lava o perderte sin remedio.

CONSEJOS PARA EXPLORAR EL INFRAMUNDO

Su terreno accidentado lo hace difícil de explorar. Prepara tu inventario con objetos y bloques útiles.

RESISTENCIA ÍGNEA

En el Inframundo no hay agua, porque se evapora al instante, con lo que el fuego es aún más letal. Prepárate con pociones ignífugas para emergencias, te salvarán la vida si te caes a la lava.

ANDAMIOS Y BLOQUES DE CONSTRUCCIÓN

Escarpados precipicios y anchos cañones dificultan viajar de bioma a bioma. Lleva siempre contigo pilas de bloques para construir puentes. Los andamios te servirán para encaramarte a las montañas.

EQUIPO DE ORO

Los piglins se pirran por el oro hasta tal punto que adoran a los jugadores que lo llevan. Protégete de ellos con una pieza de equipo de oro y te dejarán en paz mientras no toques su oro ni sus cofres.

MARCADORES

En el Inframundo es más fácil perderse que en el Mundo Superior, puesto que no podrás crear mapas. Deja un rastro de marcadores cuando salgas a explorar para encontrar el camino de vuelta.

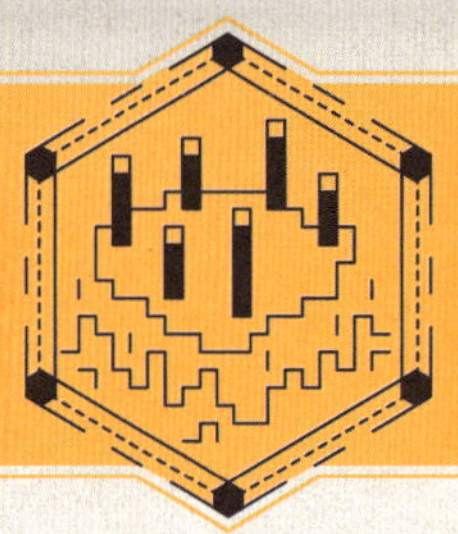

CRIATURAS DEL INFRAMUNDO

CUBO DE MAGMA

Criatura de tres tamaños. Al derrotarla, se divide en 2-4 cubos más pequeños.			
	1-16	3-6	3-12

Suelta

BLAZE

Si lo derrotas, conseguirás varas de blaze, pero ojo con su ataque de bola de fuego.			
	20	5	6

Suelta

ESQUELETO DE WITHER

Este esqueleto larguirucho blande una espada de piedra y puede causar efecto Wither.		
	20	8

Suelta

GHAST

Sus aullidos fantasmales anuncian su presencia. Ojo con sus bolas de fuego explosivas.		
	10	12

Suelta

En el Inframundo, las criaturas se generan con más frecuencia que en el Mundo Superior y son imposibles de esquivar. No es fácil huir entre lagos de lava, así que más vale que entres en combate preparado. Para consultar la leyenda de iconos, vuelve a la pág. 47.

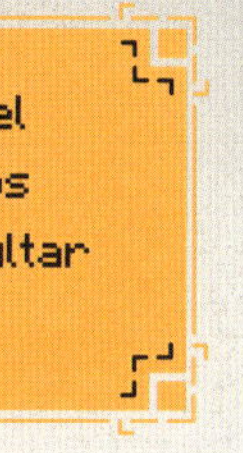

PIGLIN

Te atacará a menos que lleves oro, que querrá intercambiar contigo.

❤	⛏	⚔
16	4	9

Suelta

CERDÍN BRUTO

Este piglin armado se encuentra en bastiones en ruinas y te atacará incluso si llevas oro.

❤	⚔
50	13.5

Suelta

HOGLIN

Gran fuente de alimento en el Inframundo, lo encontrarás en bastiones en ruinas y bosques carmesís. Los adultos te lanzarán por los aires.

❤	⚔
40	8

Suelta

LAVAGANTE

Te ayudará a atravesar la lava si la guías con un hongo deformado colgado de un palo.

❤
20

Suelta | Criar

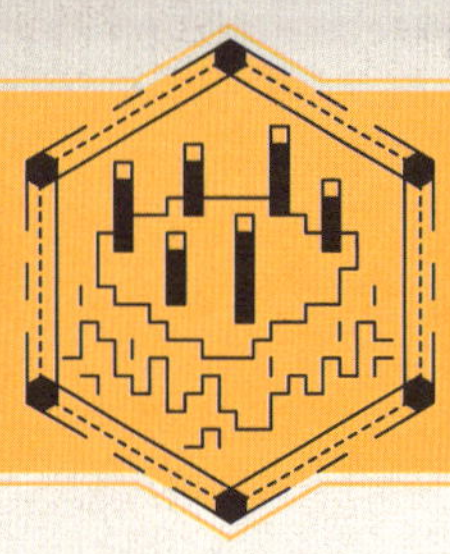

EL END

CÓMO LLEGAR

Tendrás que encontrar una fortaleza en el Mundo Superior y reparar el portal del End que hay en su interior. Para encontrarla, lanza una perla de Ender y síguela. Te llevará a la fortaleza más cercana. Cuando deje de moverse, empieza a cavar hasta llegar a la estructura de adoquines musgosos.

PORTAL DEL END

Dentro de la fortaleza, busca la estancia con el portal del End. Para activarlo necesitarás 12 ojos de Ender, que puedes fabricar con perlas de Ender y polvo de blaze. En cuanto lo repares, aparecerá un campo estrellado frente a un vacío negro. Salta dentro para llegar a la dimensión del End.

Ahora que conoces el Inframundo, ¿estás listo para enfrentarte al mayor reto del juego? Antes de embarcarte en este viaje lleno de peligros, prepárate bien porque, una vez entres en el portal, no podrás volver a casa hasta derrotar al dragón de Ender... ¡o que él te derrote a ti!

LUCHAR CONTRA EL DRAGÓN DE ENDER

Tu primer reto al entrar en el End es luchar con el dragón. Si sales victorioso, aparecerán Enlaces de End que te permitirán explorar esta dimensión y un portal de salida para volver al Mundo Superior. Aquí tienes algunos consejos para vencer:

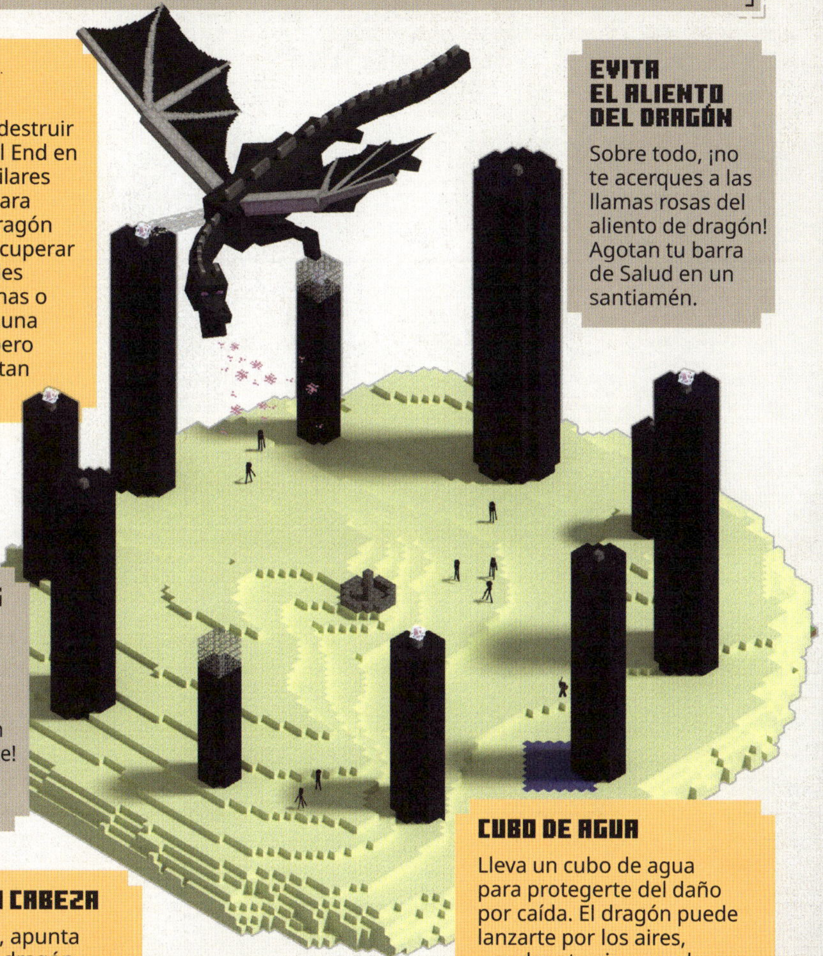

CRISTALES DEL END

Lo primero es destruir los cristales del End en lo alto de los pilares de obsidiana para evitar que el dragón los use para recuperar Salud. Dispárales con arco y flechas o aplástalos con una herramienta, pero cuidado: explotan al tocarlos.

EVITA EL ALIENTO DEL DRAGÓN

Sobre todo, ¡no te acerques a las llamas rosas del aliento de dragón! Agotan tu barra de Salud en un santiamén.

ENDERMANS

Ojo con enfurecer a los endermans durante la batalla, ¡podrían teletransportarte!

APUNTA A LA CABEZA

En tus ataques, apunta a la cabeza del dragón para infligirle el máximo daño. Los golpes al cuerpo le causan un daño mínimo.

CUBO DE AGUA

Lleva un cubo de agua para protegerte del daño por caída. El dragón puede lanzarte por los aires, y poder aterrizar en el cubo de agua te salvará de un daño letal.

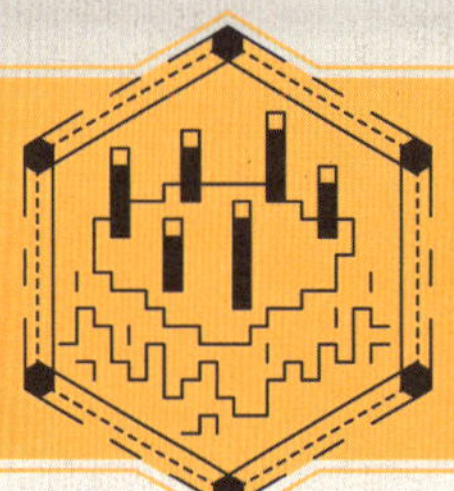

BIOMAS:
EL END

ISLA CENTRAL

En el centro de la dimensión del End. Aquí te enfrentarás al dragón, y es donde se encuentra el único portal de salida para volver al Mundo Superior.

ENLACES DEL END

Estos portales, que aparecen cuando derrotas al dragón de Ender, te permiten llegar a las Islas Exteriores del End. Para viajar por los portales, necesitarás echarles una perla de Ender, pero no olvides llevar otra para el viaje de vuelta. Para visitar otro lugar del End, puedes volver a invocar al dragón y derrotarlo para abrir otro portal ¡de un total de 20! ¡Imagínate la de botín que encontrarás en 20 rincones del End!

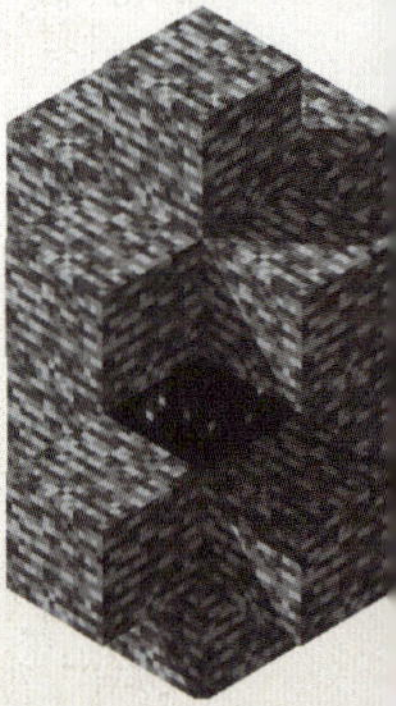

¡Felicidades! Has derrotado al dragón de Ender y los títulos de crédito han pasado por tu pantalla, ¡pero la aventura sigue! Ahora has desbloqueado el portal de enlace del End que te llevará a las Islas Exteriores flotantes. Agarra tus perlas de Ender y a por el botín!

ISLAS EXTERNAS

Se pueden visitar una vez derrotado el dragón de Ender. Suelen ser más diversas que la Isla Central; algunas están cubiertas de árboles corales, y en otras hay ciudades y barcos. Si están lo bastante próximas –que suele ser el caso–, puedes viajar entre las distintas islas con perlas de Ender.

CIUDAD DE END

Suele generarse en las Islas Exteriores, aunque no siempre es fácil de encontrar. Es única por sus conjuntos de altas estructuras moradas que pueden generarse como una sola torre o muchos edificios interconectados. Allí encontrarás tesoros muy valiosos, como élitros.

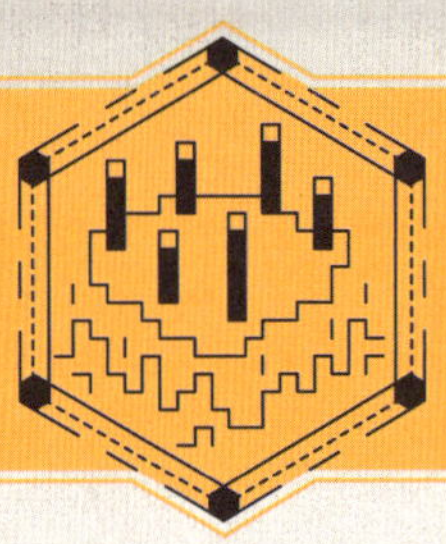

TERRENO: EL END

EXPLORA EL END

Aunque tiene mucho que ofrecer en lo que respecta a botín, el vacío que se abre entre las islas y los innumerables endermans en todas direcciones la convierten en una dimensión llena de peligros. He aquí algunos consejos para sobrevivir:

FRUTA CORAL

La única fuente de alimento del End, aunque tiene un efecto particular: si te comes una, te teletransportarás a un bloque cercano, lo que puede salvarte la vida, especialmente si te ha alcanzado una bala de shulker (pág. 86). Si sales volando, cómete una fruta para volver a tierra firme.

TEJADO A TRES BLOQUES DE ALTURA

Esa es la altura media de los endermans, así que si construyes una plataforma a esa altura y te metes debajo, quedarás fuera de su alcance.

CABEZA DE CALABAZA

Los endermans se vuelven hostiles si los miras a los ojos... ¡excepto si llevas una calabaza en la cabeza! Póntela y pasa a vista en tercera persona para que no restrinja tu visión.

El terreno del End no se parece a ninguna otra dimensión. Está lleno de islas flotantes rodeadas de un vacío oscuro. Puedes tender puentes de una isla a otra, pero necesitarás cantidades exorbitantes de bloques. Suerte que hay una forma más fácil de viajar: las perlas de Ender.

Un portal de salida se activa al derrotar al dragón de Ender.

VIAJAR CON PERLAS DE ENDER

Al lanzar una, te teletransportarás allí donde caiga, pero sufrirás daño por caída y puede que generes un molesto endermite. No queda más que apuntar alto, lanzar la perla y cruzar los dedos, aunque te recomendamos practicar en el Mundo Superior antes de aventurarte en el End.

Los endermans no pueden mover la piedra del End, así que es el material ideal para construir un búnker.

CULTIVAR PERLAS

¡Necesitarás un montón de perlas! La mejor forma de conseguirlas es construir una granja de perlas, para lo que necesitarás un búnker a un bloque de profundidad con un techo a dos bloques de altura (para que los endermans no puedan entrar). Cuando lo tengas, basta con mirar fijamente a todos los endermans que puedas y atacarlos desde abajo con la espada.

CRIATURAS DEL END

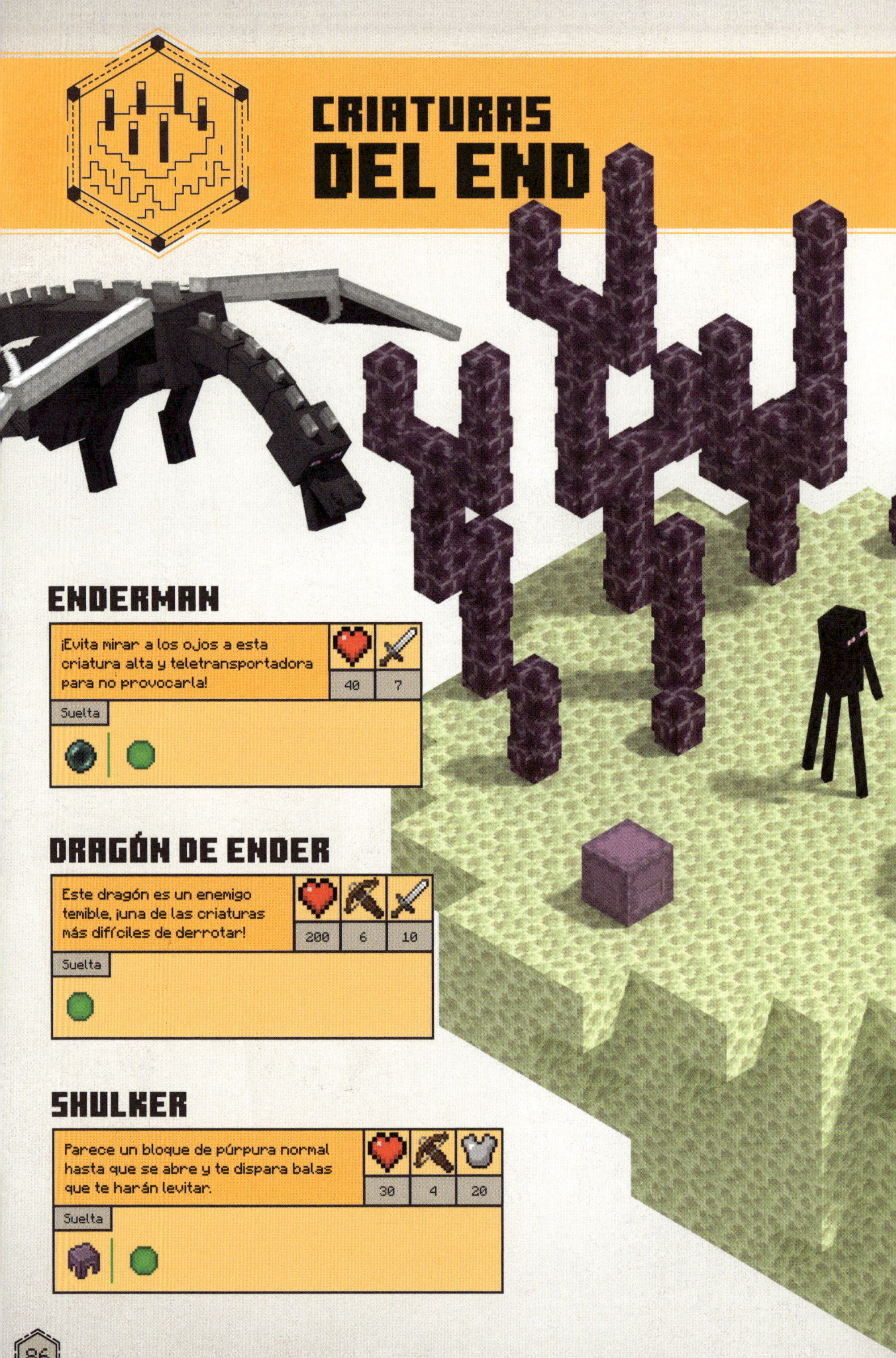

ENDERMAN

¡Evita mirar a los ojos a esta criatura alta y teletransportadora para no provocarla!

Salud	Daño
40	7

Suelta

DRAGÓN DE ENDER

Este dragón es un enemigo temible, ¡una de las criaturas más difíciles de derrotar!

Salud	Daño	Daño
200	6	10

Suelta

SHULKER

Parece un bloque de púrpura normal hasta que se abre y te dispara balas que te harán levitar.

Salud	Daño	Armadura
30	4	20

Suelta

El End está lleno de criaturas peligrosas y hostiles, así que tendrás que adentrarte en esta dimensión con mucha cautela. Encontrarás al feroz dragón de Ender y a otras criaturas que se mueren por atacarte. ¡A ver si puedes con todas! Recuerda que la leyenda de los iconos está en la pág. 47.

ENDERMITE

Puede que cuando lances una perla de Ender generes a esta criatura, pequeña pero agresiva.	❤	⚔
	8	2

Suelta

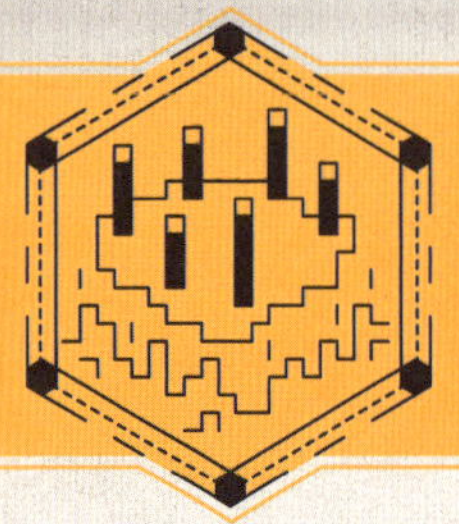

ESTRUCTURAS GENERADAS: INFRAMUNDO Y EN

INFRAMUNDO

FORTALEZA DEL INFRAMUNDO

Estas enormes fortalezas de ladrillo del Inframundo se encuentran en toda la dimensión, y en ellas encontrarás verrugas del Inframundo –esenciales para las pociones– además de muchas criaturas peligrosas como blazes.

BASTIONES EN RUINAS

Edificios decrépitos llenos de piglins que protegen cofres muy valiosos y salas del tesoro. Explóralos si te atreves, pero ¡cuidado con la ira de los poderosos cerdines brutos!

Ya has cruzado los portales que llevan al Inframundo y al End, y te preguntarás qué estructuras molonas podrás explorar y, sobre todo, ¡qué tesoros encontrarás! Ándate con especial cuidado, porque los tesoros los guardan algunas de las criaturas más feroces de Minecraft.

END

CIUDADES DEL END

Estas estructuras de piedra de púrpura y piedra del End están repartidas por toda la dimensión del End, con lo que no son fáciles de encontrar. En sus cofres encontrarás un valioso botín de, por ejemplo, diamantes, pero ¡cuidado con los shulkers que las protegen!

BARCOS DEL END

Aún más raros que las ciudades del End, solo se generan en algunas ciudades. Si consigues encontrar uno, estás de suerte, puesto que a bordo tal vez encuentres un preciado élitro, ¡tu llave para surcar el cielo!

PORTAL DE SALIDA

Se encuentra en la Isla Central y es la única forma de volver al Mundo Superior –aparte de morirse, claro–. Te devolverá al punto de regeneración y solo se activa cuando se genera un huevo de dragón en lo alto, tras derrotar al dragón de Ender.

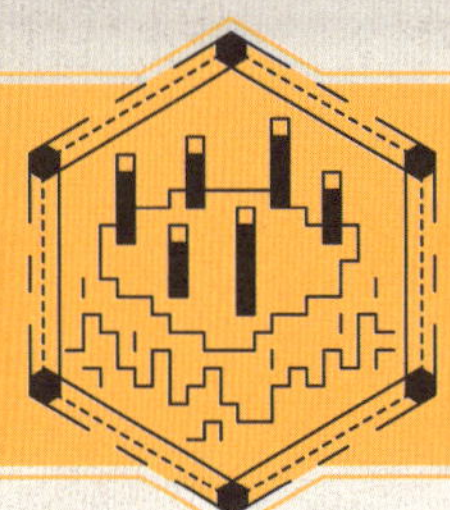

EMPIEZA CON PRISA

COFRE DE BONIFICACIÓN

Cuando inicies tu mundo, dirígete al menú de Más Opciones de Mundo y activa el Cofre de Bonificación, que generará un cofre con objetos básicos muy útiles que acelerarán tus inicios en el juego.

REFUGIO CUEVA

No hace falta tener una casa de revista. ¿Por qué no pasar tus primeras noches en una cueva? No tendrá los lujos de una casa construida, pero te mantendrá a salvo de las criaturas.

AGRICULTURA ACELERADA

Cuando derrotes a esqueletos conseguirás huesos que puedes pulverizar para convertir en fertilizante, con lo que tendrás una próspera granja en un abrir y cerrar de ojos.

¿Quieres instalarte en el Mundo Superior lo antes posible? Si estás seguro de que tienes las habilidades necesarias para sobrevivir, sáltate los primeros pasos y empieza directamente en mitad del juego. Con estos trucos, podrás ahorrarte algunas horas del principio del juego.

HERRAMIENTAS APRESURADAS

Construir todas tus herramientas lo antes posible es una práctica excelente, pero no estrictamente necesaria. Para empezar, basta con un pico de madera para fabricar uno de adoquín. Te permite ir a por mineral de hierro para hacerte herramientas de ese material que minarán más rápido, golpearán más fuerte y durarán más tiempo.

1 Empieza con un pico de madera para conseguir piedra.

2 Una espada de piedra te protegerá mientras buscas hierro.

3 Una armadura completa de hierro reduce el daño en un 60%.

SAQUEA LAS ESTRUCTURAS

Antes de montar tu campamento, explora las estructuras generadas porque están llenas de recursos útiles, de herramientas y equipo a comida y bloques. En el Mundo Superior existen muchas aldeas, por ejemplo, en las que encontrarás alimento y semillas para cultivar, pero no olvides ser respetuoso con tus vecinos, ¡o no te dejarán volver!

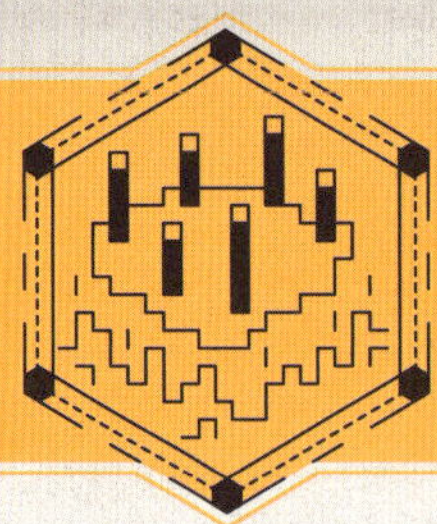

RETOS DE ÚLTIMA HORA

TORMENTA

Cuando creas que ya sabes todo lo necesario para seguir con vida en Modo Supervivencia, llegará una tormenta a ponerte palos –o relámpagos– en las ruedas. No son frecuentes, pero pueden ser muy peligrosas, incluso letales, con sus rayos que caen al azar y causan daños de todo tipo ¡y hasta pueden prenderte fuego, dos veces y todo! Los cerdos empiezan a convertirse en piglins zombis, los aldeanos, en brujas, las tortugas marinas empiezan a soltar cuencos… ¡Hasta puede que te encuentres rodeado de jinetes esqueleto de golpe y porrazo! Para estar preparado, fabrica pararrayos con lingotes de cobre para desviar los rayos de tus posesiones inflamables y de ti mismo.

Ya has explorado todas las dimensiones, pero el viaje no termina aquí. Aún queda mucho por disfrutar, además de las actualizaciones periódicas del juego con nuevas criaturas, bloques, objetos y biomas para explorar. Aquí tienes algunos de los retos que aún te aguardan en el Modo Supervivencia.

FAROS

Si te cuesta encontrar el camino de vuelta a la base, quizá te venga bien un faro, que se ve a cientos de bloques de distancia en la Edición Java, o hasta 64 en la Bedrock. Pero no es el único uso que tienen: mientras estés dentro de su alcance, un faro te concede algunos efectos de estatus como Velocidad, Prisa, Resistencia, Supersalto y Fuerza, con lo que sobrevivir es mucho más fácil.

BAJO EL MAR

Ya sabes cómo sobrevivir en tierra firme, pero ¿y en el agua? Aquí se plantea un problema básico: ¿cómo respirar? Por no hablar de la oscuridad que reina en las profundidades. Por suerte, ambos problemas tienen la misma solución: un conducto. Si construyes uno en tu base subacuática, obtendrás efectos de Respiración Acuática, Visión Nocturna y Prisa mientras estés dentro de su alcance. ¡Hasta atacará a las criaturas hostiles para mantener tu base a salvo! En el mar hay muchas criaturas y tesoros, vale la pena explorarlo.

¡ADIÓS!

¡Felicidades, has llegado al final del Manual de Supervivencia! ¿Ya te sientes como un aventurero? Pues deberías, porque has aprendido las bases para sobrevivir en el Mundo Superior, el Inframundo y el End.

Esto no es más que el principio. Aún hay mucho que explorar en los biomas de Minecraft, y aún más que aprender. ¡En un libro no hay espacio para todo!

¿Cuál será tu próximo reto? ¿Qué te parecería organizar una expedición al fondo del mar? ¿O construir un faro? ¿Y qué me dices de excavar hasta las profundidades de la tierra...?

Hagas lo que hagas, esperamos que recuerdes que uno de los mayores retos a los que todos nos enfrentamos no tiene que ver con nuestra experiencia o habilidades, sino con creer en nosotros mismos. Si puedes vencer a la voz de tu mente que trata de convencerte de que algo es demasiado difícil, ¡ya vas bien encaminado para ganar!

¡TÚ PUEDES!

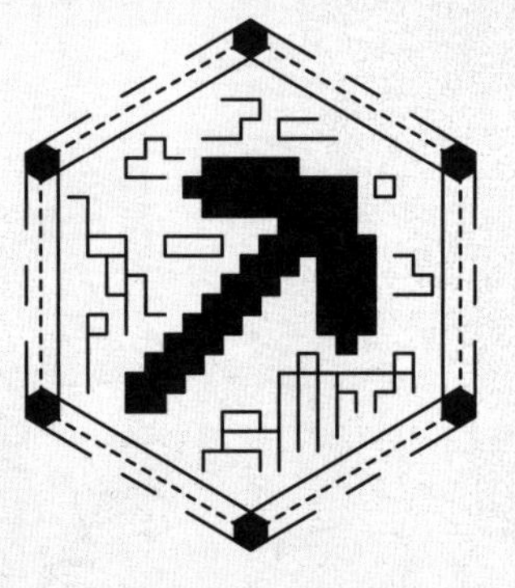